PETIT DICTIONNAIRE

DES

ASSURANCES

PAR

GEORGES HAMON

PRIX : **50** CENTIMES

EN VENTE

Aux bureaux du journal l'*Assurance moderne*

8, RUE HÉROLD. — PARIS

(Près la Banque de France)

1885

NEUVIÈME MILLE

INTRODUCTION

—

Est-il nécessaire de démontrer l'utilité d'une institution qui, comme l'Assurance, permet de garantir la propriété, d'améliorer les situations précaires, d'assurer l'existence d'une famille ou l'avenir d'un enfant, et de réparer l'accident ou le préjudice quelconque dont chacun peut être victime ? Nous ne le croyons pas. Cette utilité n'est inconnue que de ceux qui ignorent les principes et les applications de cette institution de prévoyance.

On a remarqué, en effet, que dès qu'une personne avait quelques notions sur l'Assurance, elle ne manquait pas d'y avoir recours. C'est pourquoi, non seulement les Compagnies d'assurances, mais encore ceux qui s'occupent d'Économie politique, ou que tourmentent les problèmes sociaux, ne cessent de faire de la propagande, d'ouvrir des concours, ou de publier des ouvrages au sujet de cette question qui intéresse à un si haut point le sort de l'homme.

Nous avons voulu, nous aussi, comme directeur d'un journal d'Assurances, apporter notre pierre à l'édifice, en publiant cette brochure d'un format commode et d'un prix très modique.

Le *Petit Dictionnaire des Assurances* est un recueil de renseignements et d'explications à la portée de tout le monde. Il donne par ordre alphabétique tout ce qui peut intéresser non seulement l'assuré, mais encore l'agent d'Assurances qui désirerait laisser entre les mains de sa clientèle un document utile, capable, en son absence, de répondre pour lui à toutes les questions.

Néanmoins, nous n'avons pas pensé devoir insérer les tarifs qui auraient pris trop de place, et qui, d'ailleurs, n'ajoutent rien au principe. Notre but a été surtout de faire connaître les applications si nombreuses de l'assurance et les bienfaits qu'elle est à même de répandre dans les familles.

Ce petit livre rendra, croyons-nous, de réels services à ceux qui voudront bien le consulter, à quelque condition qu'ils appartiennent, car l'Assurance s'adresse à toutes les classes; elle a son utilité pour le riche propriétaire comme pour l'humble travailleur. Tous y puiseront donc des indications précieuses; et, qui sait ! il en est peut-être plus d'un qui y trouvera une solution à des difficultés qu'il croyait jusque-là insurmontables.

C'est alors que nous nous considérerons comme largement récompensé d'avoir apporté notre modeste concours dans la vulgarisation d'une institution qui fait des progrès considérables tous les jours, mais qui ne sera jamais trop connue.

G. HAMON.

PETIT
DICTIONNAIRE DES ASSURANCES

Accident. — Événement fortuit causant un dommage et pouvant entraîner la responsabilité de son auteur. Les Compagnies d'assurances contre les accidents réparent les dommages occasionnés à leurs assurés, quand ceux-ci sont les victimes de l'accident ; elles assument aussi en leurs lieu et place la responsabilité qu'ils encourent, quand ils sont les auteurs d'accidents arrivés à des tiers. Il faut toutefois qu'il n'y ait pas eu calcul ou fraude de leur part, autrement dit, il importe que l'accident soit bien imprévu et involontaire. (Voir *Assurances contre les accidents.*)

Accumulation (*Police d'*). — Combinaison par laquelle, dans l'assurance en cas de décès, les assurés, au lieu d'encaisser les bénéfices auxquels ils ont droit, peuvent les laisser s'accumuler pendant dix, quinze ou vingt ans, dans une caisse instituée à cet effet par la Compagnie. Ceux qui meurent avant cette époque abandonnent leur part de bénéfices à la masse ; ceux qui sont vivants à la fin de la période d'accumulation se partagent l'ensemble des bénéfices.

Dans certaines combinaisons, la police jouit au même droit que les polices ordinaires de la faculté du rachat ; dans d'autres, au contraire, elle peut être frappée de déchéance pour non-paiement des primes. Les primes versées antérieurement retournent alors à la masse et sont confondues dans les bénéfices au profit des assurés vivants qui ont conservé leurs droits.

Acquéreur. — Toute personne qui achète la chose assurée doit déclarer à la Compagnie, dans le délai fixé par la police d'assurance, si elle a l'intention de continuer l'assurance ; autrement, elle n'aura droit, en cas de sinistre, à aucune indemnité. La Compagnie se réserve le droit d'accorder ou de refuser l'assurance au nouveau propriétaire. Si l'acquéreur s'est engagé dans l'acte de vente à continuer l'assurance, il doit en supporter les charges et peut être poursuivi pour non-payement de ses primes ; si, au contraire, il n'a pris aucun engagement, la Compagnie ne peut rien contre lui, mais elle réclame au vendeur une année ou deux de primes, selon les clauses de la police, à titre d'indemnité.

Actions *d'assurances.* — Les actions sont des titres émis par les Sociétés pour la formation ou l'augmentation de leur capital. Ces titres ne sont négociables que lorsque la Compagnie d'assurance est constituée définitivement et que le versement du quart du capital actions a été effectué ; ils ne peuvent être mis au porteur qu'après le versement de la moitié. Ils donnent droit à un intérêt fixe et à une part dans les bénéfices, dans les proportions déterminées par les statuts. Les souscripteurs sont toujours responsables de la portion du capital restant à verser.

Dans les négociations d'actions nominatives, le droit de transfert qui est de 1/2 0/0 du montant de la vente, (loi du 29 juin 1872), est à la charge de l'acquéreur, à moins de conventions contraires. Les intérêts, dividendes et acomptes votés ou échus, et qui n'ont pas encore été officiellement distribués, appartiennent de droit à l'acquéreur ; cela est logique, puisque le prix des titres sur le marché progresse en proportion des intérêts en cours, et qu'il baisse subitement d'autant, quand ces intérêts ont été distribués.

Age. — Lorsqu'un assuré sur la vie ne peut pas justifier de son âge par une pièce authentique, le jour de la signature de son contrat, sa déclaration suffit ; mais alors la production de cette pièce est indispensable, quand la Compagnie a à verser à l'assuré ou à ses ayants droit

soit un capital, soit une rente. S'il est reconnu à ce mo
ment que la déclaration d'âge faite antérieurement es
inexacte, l'assurance est ramenée aux conditions de l'âg
réel, comme si aucune erreur n'avait été commise, c'est
à-dire que la rente ou la somme est diminuée ou augmenté
conformément aux chiffres applicables à l'âge relaté pa
l'acte de naissance.

Dans les rentes viagères, un trimestre ne compte qu
lorsqu'il est entièrement révolu ; dans les assurance
sur une ou deux têtes, un trimestre est considéré comm
révolu quand il est commencé, et une année, quand ell
a trois mois d'écoulés.

Agents d'assurances. — Les agents d'assurance
sont les représentants des Compagnies ; mais ils ne peu
vent engager en rien ces dernières. Ils ont pour missio
de solliciter les assurances, selon la branche à laquell
ils appartiennent, de montrer leur utilité, de faire conna
tre et d'expliquer, notamment dans la branche Vie, le
nombreuses combinaisons auxquelles l'assurance donn
lieu, soit pour améliorer une situation, soit pour consoli
der une fortune, établir un crédit, constituer une do
etc., etc... Ils sont donc souvent d'un précieux conse
dans les familles où ils sont à même d'indiquer le
moyens de sortir d'une situation difficile ou de préveni
des embarras futurs. Ils sont chargés, en outre, de pro
céder à l'accomplissement des formalités qu'entraîner
les contrats, ainsi qu'aux encaissements et aux pay
ments pour le compte de la Compagnie. En dehors de tou
cela, n'étant munis d'aucun pouvoir, ils n'ont jamais
signer quoi que ce soit.

Agglomération de risques. — Lorsque plu
sieurs risques sont voisins ou se touchent, on dit qu'il
a agglomération. Dans ce cas, afin qu'ils ne soient pa
considérés comme un seul risque, et assujettis à la prim
du risque le plus fort, ils sont soumis à certaines règle
relativement à la séparation et à la distance qu'on do
établir entre eux. Les polices de l'assurance-incendi
spécifient aux assurés ces règles qui sont assez non
breuses et varient selon la nature du risque.

Aggravation de risque. — Il y a aggravation de risque, quand la personne ou l'objet assuré, par suite d'un changement, ou d'une modification quelconque, se trouve exposé à des périls plus nombreux. Ainsi : un voyage d'outre-mer, l'exercice d'une profession ou d'une industrie malsaine, l'installation d'une machine à vapeur dans l'immeuble assuré, la présence d'un voisin ou d'un dépôt dangereux, constituent des aggravations de risques. L'assuré doit alors, sous peine de déchéance, prévenir la Compagnie et payer une surprime.

Amélioration du risque. — Quand on peut diminuer les causes d'incendie, d'accidents ou de maladies, il y a amélioration dans les risques. Un assuré qui supprime chez lui un engin dangereux, qui exerce une profession moins périlleuse, qui fait disparaître un dépôt inflammable ou explosible, améliore son risque ; en conséquence, il a droit à une diminution de la prime. (Voir *Ristourne*.)

Amendes. — Dans l'assurance contre les accidents, la Compagnie ne garantit pas les amendes auxquelles les assurés sont sujets. Et même, en ce qui concerne les cochers, elle stipule dans leur contrat qu'ils auront à payer une amende de 5 à 20 francs, chaque fois qu'ils occasionneront un accident. Cette mesure est très sage, car elle tient constamment en éveil l'attention et la prévoyance de ceux qui conduisent les voitures.

Annuités viagères. — Ce sont des versements annuels, égaux entre eux, qu'on fait à une personne durant sa vie, et s'éteignant avec elle.

Annulation. — Un contrat d'assurance, dans n'importe quelle branche, est annulé de plein droit, quand il y a eu fraude de la part de l'assuré. Dans l'assurance sur la Vie, le contrat est annulé si l'assuré perd la vie par l'exécution d'une condamnation judiciaire ; ou encore, s'il perd la vie par le fait du bénéficiaire. On comprendra que dans ces trois cas, les primes restent acquises à la Compagnie ; d'une part, dans un but moral, afin de ne pas encourager la fraude et le crime, et de l'autre, à titre de réparation du dommage que l'assuré causait sciemment à l'assureur.

Enfin, si l'assuré perd la vie par suite de duel ou de suicide, l'assurance est de nul effet, et les primes payées restent acquises à la Compagnie. Toutefois, si les primes de trois années au moins ont été acquittées, la Compagnie tient compte aux ayants droit de la valeur qu'elle aurait payée si elle avait racheté la police la veille du décès. Rien n'est plus naturel en effet, car il serait injuste de faire supporter entièrement au bénéficiaire les conséquences d'un événement auquel il est resté complètement étranger. (Voir *Rachat.*)

Anticipation. — Les primes, au lieu d'être payées annuellement ou par semestre, peuvent être soldées entièrement ou en partie, par anticipation. Les Compagnies font alors à l'assuré l'escompte de ses versements anticipés, escompte qui varie selon la nature de l'assurance.

Arbitrages, Arbitres. — En cas de différend, les parties doivent prendre des arbitres. Si l'une d'elles s'y refuse, ceux-ci sont nommés d'office par le Tribunal civil. Les frais d'arbitrage sont partagés par moitié ; mais si une des parties en a augmenté le chiffre pour son propre intérêt, elle en paie le surplus qui lui incombe.

Argent, Argenterie. — Les Compagnies-Incendie n'assurent pas les billets de banque, les sommes d'argent, les titres, les actions et autres valeurs de portefeuille. Elles assurent l'argenterie, les bijoux, les dentelles, les cachemires, les tulles, les statues, les tableaux, tous les objets d'art, toutes les choses rares ou précieuses, à la condition de les désigner spécialement dans la police.

Pour une proposition d'assurance de marchandises précieuses dépassant une somme de 10,000 francs l'agent doit faire une demande à la Compagnie et lui soumettre le catalogue détaillé des objets. Les pierreries, diamants et perles fines même montés, ne sont pas considérés comme bijoux, leur monture seule fait partie de l'assurance, à moins d'une autorisation très expresse.

Arrérages. — On appelle arrérages, dans l'assurance sur la vie, les rentes ou intérêts servis aux assurés contre l'abandon de leur capital. Les Compagnies paient les arrérages sans frais, soit à leurs guichets, soit au domicile même du titulaire, soit encore par lettre chargée.

En général, le contrat stipule qu'au décès de l'assuré, les arrérages resteront à la Compagnie. Cette clause est extrêmement logique, attendu que la Compagnie tient compte par avance à l'assuré de l'arrérage pouvant exister à l'époque de sa mort ; elle augmente la rente en conséquence. Elle fait cela, pour se conformer en tous points à l'intention de l'assuré qui, du moment qu'il a aliéné un capital pour son compte personnel, doit jouir seul et entièrement de la rente qui en résulte. D'un autre côté, la production des pièces pour payer aux héritiers l'arrérage, exigerait des frais qui absorberaient la plus grande partie des intérêts restant dus.

(Pour les échéances, voir *Age*.)

Assemblée générale. — Les actionnaires des Compagnies d'assurances se réunissent une fois par an, conformément aux statuts, en assemblée générale *ordinaire*, afin d'examiner les comptes des administrateurs, de procéder aux élections nécessaires et de voter sur les questions à l'ordre du jour. L'assemblée est *extraordinaire*, si elle a lieu en dehors du règlement, sur la convocation du Conseil d'administration, pour une raison majeure quelconque. Une assemblée n'est valable que lorsqu'elle réunit au moins le quart des actionnaires et le quart du capital social en numéraire. Elle représente alors l'universalité des actionnaires, et ses décisions, prises à la majorité, sont obligatoires pour tous sans exception, présents ou absents.

Associés. — Dans une association en nom collectif, où chaque associé a qualité pour engager la Société, lorsqu'un des associés disparaît ou qu'un autre survient, on doit introduire un avenant dans la police de l'assurance contre l'incendie, pour enregistrer ce changement.

Assurable (*Matière*). — Ce qui peut être assuré. Tout ce qui est susceptible d'être brûlé, détruit, détérioré par un événement quelconque, peut être assuré par toute personne intéressée à la conservation de ces choses et capable d'indiquer en quelle qualité elle agit. Le dommage que peut causer à une personne la mort d'une autre personne est considéré comme matière assurable.

Toutefois, les Compagnies refusent d'assurer : Dans l'assurance en cas de décès, ou contre les maladies : les personnes atteintes d'anévrismes, de hernies, de folie ou de maladies susceptibles d'amener une mort prématurée.

Dans l'assurance contre l'incendie: les sommes d'argent, billets de banque et titres de toutes natures.

Dans l'assurance contre la mortalité du bétail, l'épizootie.

Assurance. — Tout homme, à quelque condition qu'il appartienne, a des intérêts à sauvegarder. Il possède plus ou moins; il a une maison, une chaumière, un champ, des meubles, des outils, n'importe quoi. Si, par extraordinaire, il n'a rien, il est locataire, et, à ce titre, les objets qu'il loue lui sont aussi précieux que s'il en était le propriétaire. Il est bien rare, en outre, qu'il n'ait pas une famille ou un parent à aider par son travail. Or, nous sommes exposés tous les jours à une foule d'événements plus ou moins funestes; le feu détruit les propriétés, la tempête engloutit les navires, la grêle et la gelée ravagent les récoltes, un accident quelconque ou une mort prématurée causent des embarras et quelquefois la misère, là où l'intelligence et le travail avaient fait naître l'aisance ou la fortune.

Pour parer aux conséquences malheureuses de toutes ces éventualités, l'homme a eu recours au principe de l'association. Des individus se sont groupés en se promettant mutuellement de réparer les dommages que ceux d'entre eux éprouveraient. Dans ces conditions, la part d'indemnité à payer par chacun, autrement dit la contribution, devient très minime, et, par la suite, on a pu la rendre fixe, car le nombre des accidents, incendies, morts, etc., ne s'écarte pas d'une certaine moyenne que les statistiques ont établie.

Il suffit de faire partie de l'association et de payer la

contribution pour être assuré contre les pertes qu'on risque d'éprouver.

Tel est le principe de l'assurance qui a donné lieu à tant de combinaisons, au moyen desquelles les assurés réparent les plus grands désastres et surmontent facilement les plus grosses difficultés, comme on le verra par l'examen des diverses parties de l'assurance.

L'assurance se divise en plusieurs branches, selon qu'elle s'applique à la vie, aux transports, aux meubles et immeubles, aux récoltes, aux bestiaux. Elle s'appelle alors : *l'Assurance sur la vie, l'Assurance maritime, l'Assurance contre les Accidents, le Chômage, la Gelée, la Grêle, l'Incendie, les Maladies, la Mortalité du bétail, les Réparations locatives, les Risques de transports.*

L'assurance se fait au moyen de ce qu'on appelle une police, c'est-à-dire d'un contrat qui stipule les conditions de l'assurance et dans lequel on distingue trois parties : l'assureur, l'assuré et le bénéficiaire. Le bénéficiaire est souvent l'assuré lui-même.

Assurance *contre les accidents.* — Dans un accident, on considère deux personnes : la victime et l'auteur. La victime éprouve naturellement un dommage, elle peut être blessée ou avoir un objet détérioré, elle peut aussi être tuée; c'est alors la famille qui éprouve le dommage. Quant à l'auteur, il encourt la responsabilité du préjudice qu'il a causé. De là, deux choses assurables : d'une part, le dommage occasionné, de l'autre, la responsabilité encourue.

Pour répondre à tous les besoins qui peuvent se présenter, les Compagnies d'assurances contre les accidents offrent une foule de combinaisons dont les deux principales sont : *l'Assurance individuelle* faite au profit exclusif de l'assuré ou de ses ayants droit, et *l'Assurance collective* faite en faveur des employés ou des ouvriers attachés au service de l'assuré et dégageant la responsabilité civile de ce dernier. Il faut citer encore l'Assurance *agricole,* l'assurance contre les *bris de glace,* contre les *accidents de voiture et de chevaux, les explosions de la foudre et des générateurs,* contre les *accidents de voyages* l'assurance des *sapeurs-pompiers*, des *pharmaciens*, etc.

Il n'existe pas un seul individu, quel que soit son état, à quelque classe qu'il appartienne, qui ne trouve dans l'assurance contre les accidents une combinaison répondant complètement aux exigences de sa situation. On est plus ou moins exposé, selon la profession qu'on exerce, mais on est toujours exposé. Il n'est pas jusqu'au promeneur le plus calme qui n'ait à craindre une chute ou un accident quelconque.

D'un autre côté, ceux qui emploient du monde ont une charge excessivement lourde ; ils sont responsables des accidents arrivés à leur personnel quand ils ont manqué de surveillance ou de précautions. Ils peuvent donc être condamnés à une indemnité ou à une pension qui entamera leur fortune ou mettra un grand trouble dans leurs affaires.

Si toutes ces personnes sont assurées, celle qui sera victime d'un accident recevra de la Compagnie une indemnité dans les conditions convenues, et celle qui sera cause d'un accident n'aura pas à payer les dommages que la loi est en droit d'exiger d'elle, c'est encore la Compagnie qui réglera ce compte à sa place. N'est-ce pas là une institution d'une utilité aussi grande que les assurances sur la vie et contre l'incendie dont elles forment le complément indispensable ?

Mais si l'on veut étudier l'assurance contre les accidents dans tous ses détails, on se reportant dans ce dictionnaire aux mots propres, on verra les nombreux services qu'elle est à même de rendre à chacun.

ASSURANCE INDIVIDUELLE. — L'assurance individuelle est une des divisions de l'assurance contre les accidents. C'est une assurance qui s'attache spécialement à l'individu ; elle couvre non seulement les accidents pouvant résulter de l'exercice de sa profession, mais encore tous ceux qui proviendraient de n'importe quelle cause ; elle le suit partout, à tout moment, en voyage, dans ses promenades, dans son atelier, dans son propre domicile. Elle prévoit les cas de mort, d'infirmité, d'incapacité temporaire, de mutilation plus ou moins grave.

Dans chacun de ces cas, elle accorde l'indemnité convenue. s'il y a mort, l'indemnité est acquise aux héritiers ou à la personne désignée.

Les métiers offrent des dangers plus ou moins grands. Il est certain qu'un mineur ou un couvreur est plus exposé qu'un graveur ou un commerçant, qui reste dans sa boutique. On a donc divisé les professions par classes, en rangeant dans une même classe toutes celles qui présentent un risque égal. Quand un assuré change de profession, il doit avertir la Compagnie, pour que sa prime soit modifiée, selon le risque que son nouvel état lui fait courir.

Beaucoup de Compagnies réservent aujourd'hui les droits de leurs assurés ; elles payent l'indemnité convenue à celui qui est victime d'un accident, sans lui demander aucune subrogation; de sorte que ce dernier après avoir reçu l'indemnité de la Compagnie, peut agir contre l'auteur de l'accident, pour tenter d'obtenir de lui des dommages-intérêts.

Comme on le voit, l'assurance individuelle est le complément indispensable de l'assurance sur la vie. Un individu, par exemple, s'assure pour 10,000 francs en cas de décès, en faveur d'un parent que son travail soutient. S'il vient à mourir, son parent recevra les 10,000 francs, mais s'il lui arrive un accident qui le rende entièrement infirme, c'est pour lui plus que la mort, car il ne peut plus travailler et il se trouve à la charge de la personne qu'il voulait, au contraire, aider durant sa vie. En prenant une assurance individuelle, il n'a plus rien à craindre, car en cas d'infirmité, il touche une indemnité qui lui remplace le produit de son travail. Or, cette assurance est très bon marché; elle est naturellement beaucoup moins chère que l'assurance sur la vie, car dans la première, le risque n'est qu'éventuel, tandis que dans la seconde, il est fatal. Ainsi, à trente ans, une assurance de 10,000 francs en cas de décès coûte 249 francs, et une assurance individuelle de 10,000 francs, au même âge, coûte de 12 à 25 francs, selon l'état qu'on exerce.

Il faut avouer que, dans ces conditions, ce serait

manquer absolument de prévoyance et de logique que de conclure l'une sans l'autre.

ASSURANCE COLLECTIVE. — L'assurance collective s'adresse aux chefs d'établissements, usines, chantiers, ateliers, etc., qui ont un personnel à leur service. Elle est souscrite par le patron au profit de ses ouvriers et porte non seulement sur toutes les personnes salariées par le souscripteur au moment de la signature du contrat, mais encore sur celles qui pourraient l'être durant le cours de la police. Le patron est donc tenu d'inscrire très régulièrement les noms, salaires et heures de travail de tous ses salariés sur des registres spéciaux. L'assurance collective garantit aux ouvriers, en cas d'accident arrivé dans l'exercice de leur profession, une indemnité ou une rente viagère, selon que l'accident a entraîné une incapacité temporaire ou une incapacité permanente et absolue. Quand il y a mort, l'indemnité convenue est versée par la Compagnie aux héritiers. Cette assurance couvre gratuitement en même temps la responsabilité civile du patron jusqu'à une somme déterminée. Le bénéficiaire de l'assurance, c'est-à-dire l'ouvrier blessé, ne touche d'ailleurs son indemnité qu'à la condition de renoncer à exercer tout recours judiciaire contre son patron. C'est le patron qui contracte l'assurance et qui paye les primes; c'est donc à lui de réclamer à ses ouvriers la prime qu'il peut facilement retenir sur leur salaire; il y ajoute, s'il y a lieu, la part qu'il doit pour la garantie de sa responsabilité civile.

Les accidents sont divisés en cinq catégories, selon qu'ils entraînent : 1° la *mort*; 2° une *incapacité permanente et absolue* (autrement dit, impossibilité, par suite de mutilation, de faire aucun travail); 3° une *incapacité permanente du travail professionnel* (impossibilité, par suite de mutilation, de continuer le travail de sa profession); 4° incapacité permanente partielle (infirmité diminuant la valeur du travail professionnel); 5° enfin, incapacité temporaire (blessures nécessitant un repos temporaire).

A chacune de ces catégories s'applique une indemnité spéciale. Les primes se calculent sur le montant du salaire.

Il y a quelquefois des patrons qui ne tiennent à dégager leur responsabilité civile que lorsqu'il y a mort ou infirmité. Les Compagnies leur offrent alors des polices, qui limitent la garantie aux accidents graves.

On voit, par ce qui précède, quelle est l'importance de l'assurance collective pour les industriels, les fabricants, etc.

L'abondance des travailleurs dans une usine, dans un atelier, dans une mine, leur groupement forcé autour d'un même travail, d'une même machine, donne trop souvent aux accidents des proportions effrayantes. Parfois, dans une entreprise qui prospérait, une catastrophe arrive : une chaudière éclate, un échafaudage s'effondre, un éboulement se produit et plusieurs ouvriers trouvent la mort ou sont frappés d'infirmités pour le restant de leur vie. Le patron, neuf fois sur dix, est condamné à payer des indemnités aux victimes, à faire des pensions aux veuves. Mais le sinistre a été tel, qu'il n'y peut suffire; c'est la ruine pour lui, c'est la faillite. Au contraire, s'il a contracté une assurance collective, il n'est pas atteint, quoi qu'il arrive, par le sinistre qui est venu le frapper en pleine prospérité, et les victimes sont secourues; elles reçoivent de la Compagnie les indemnités qu'elles sont en droit de réclamer.

L'assurance collective est donc, pour les grands centres ouvriers, une institution de prévoyance par excellence qui s'impose tous les jours d'elle-même et dont le succès s'étend d'ailleurs de plus en plus.

Assurances agricoles. — Le principe de l'assurance collective (voir ce mot) a été appliqué aux ouvriers employés aux travaux d'agriculture. Ceux-ci ont droit à une indemnité quotidienne en cas d'incapacité temporaire, et à une rente viagère en cas d'incapacité permanente. S'il y a mort, les héritiers touchent une indemnité déterminée à l'avance. Le prix des primes est basé sur le nombre d'hectares à exploiter.

L'assurance agricole est d'une grande utilité pour les cultivateurs, dont elle couvre la responsabilité, à laquelle ils sont soumis à l'égard de leur personnel.

Il ne faut pas confondre l'assurance agricole avec l'assurance contre l'incendie des *récoltes* ou contre la grêle, la gelée. (*Pour ces dernières, voir ces mots.*)

Assurances au-dessous d'une année. — Il arrive quelquefois qu'une personne n'est responsable d'un objet que pendant quelques mois seulement, et qu'elle désire se couvrir contre l'incendie, sans payer pourtant la prime d'une année. Les Compagnies lui offrent alors des assurances fractionnées au-dessous d'une année. Les primes sont naturellement beaucoup moins chères, sans toutefois être exactement proportionnées au temps demandé. D'ailleurs, il y a des exceptions et des conditions qui varient quelquefois, suivant les Compagnies. Il est donc bon de s'informer auprès des agents avant de contracter cette assurance.

Assurance complémentaire. — Quelquefois on ne peut assurer complètement un risque contre l'incendie, parce que la valeur de ce risque dépasse le plein de la Compagnie; on pro d alors une assurance complémentaire, c'est-à-dire qu'on s'adresse à une autre Compagnie pour compléter son assurance. C'est ainsi que certains immeubles très importants se trouvent assurés à plusieurs Compagnies.

Assurance *pour le* compte de qui il appartiendra. — (Voir *Qualité des assurés.*)

Assurance cumulative. — Nom qu'on donne aussi aux assurances complémentaires.

Assurances doubles. — Une assurance est double quand le risque est assuré complètement à deux Compagnies; naturellement, elle est illégale et entraîne la déchéance, à moins qu'elle ne soit le résultat d'une erreur. On doit alors la signaler aux deux Compagnies, et c'est généralement celle qui a conclu le premier contrat qui conserve l'assurance.

Assurances flottantes. — Lorsqu'un commerçant possède des magasins ou des entrepôts par lesquels passe constamment une certaine quantité de marchandises, il prend une assurance flottante, c'est-à-dire une assurance qui s'applique aux marchandises, quelles qu'elles soient, qui se trouvent dans le lieu désigné, mais qui ne les suit pas dans leur transport.

Assurances fractionnées. — On appelle ainsi les assurances contre l'incendie *au-dessous d'une année* (voir) dont les primes inférieures à celles d'une année sont fractionnées selon le nombre de mois qu'elles doivent courir.

Assurance *contre* **l'incendie.** — L'assurance contre l'incendie est un acte de prévoyance qui a pour but de réparer les dommages causés par le feu. Cette assurance garantit en outre, moyennant des primes spéciales et lorsqu'il en est fait mention expresse dans la police :

1° *Le recours des voisins*, c'est-à-dire les conséquences de l'action que les voisin pourraient exercer contre l'assuré en vertu des articles 1382, 1383, 1384 et 1386 du Code civil, si le feu atteignait leurs bâtiments, mobiliers ou marchandises;

2° *Le recours du propriétaire contre le locataire* (quand l'assuré est locataire), c'est-à-dire les conséquences de l'action que le propriétaire peut exercer contre l'assuré pour dommages à son immeuble, en vertu des articles 1733 et 1734 du Code civil;

3° *Le recours du locataire contre le propriétaire* (quand l'assuré est propriétaire), c'est-à-dire les conséquences de l'action que le locataire peut exercer contre l'assuré pour dommages causés à son mobilier, en vertu des articles 1386 et 1721 du Code civil. (Voir au mot *Recours*.)

Les Compagnies d'assurances contre l'incendie assurent encore, moyennant des primes spéciales, les dommages provenant de l'explosion de la foudre, du gaz et des appareils à vapeur. Enfin, elles assurent également les récoltes tigées et renfermées dans des granges. (Voir *Récoltes*.)

Les risques dans l'assurance contre l'incendie sont très variés et très nombreux. Ils sont rangés par classes, séries et sections. L'importance du risque dans les bâtiments dépend en effet d'une foule de choses : de la nature des matériaux de construction et de ceux de la couverture, du voisinage du bâtiment, de son usage, de sa contiguïté, de sa situation, des moyens de sauvetage ou de secours existant dans la localité.

L'utilité de l'assurance contre l'incendie n'est pas à démontrer ; tous les propriétaires sont assurés. Un individu qui fait bâtir ou achète une maison s'empresse de contracter une assurance. Les locataires sont peut-être moins prudents, il y en a beaucoup qui négligent de prendre cette mesure de prévoyance. Nous ne saurions trop leur recommander d'agir plus sagement, car ils s'exposent, en cas de sinistre, non seulement à perdre leur mobilier, mais encore à tomber sous le coup des revendications légitimes du propriétaire et des voisins. Or on ne sait jamais jusqu'où peuvent conduire les conséquences d'un sinistre.

Assurance ouvrière. — Beaucoup de personnes entendent par assurance ouvrière l'assurance collective. Cette dernière s'applique, en effet, plus particulièrement à la classe des travailleurs; mais il n'y a pas, à notre avis, d'assurance ouvrière proprement dite. L'ouvrier, comme les rentiers et comme ceux qui ont des professions libérales, a des effets ou des meubles à assurer contre l'incendie, des parents à soutenir, des enfants à doter plus ou moins. L'assurance contre l'incendie et l'assurance sur la vie lui sont donc utiles comme aux autres.

Ce qui constituerait, par le fait, une assurance ouvrière, ce serait la réunion dans l'assurance collective des branches Vie, Incendie et Accidents. L'ouvrier trouverait là, et à bon marché, tous les éléments de prévoyance qu'il peut désirer. Ce système a déjà été tenté, en partie, en Angleterre et en France et a donné de bons résultats.

Assurances partielles — Quand la valeur d'un immeuble dépasse le plein des Compagnies, le propriétaire est obligé de s'adresser à deux ou plusieurs Compagnies. Celles-ci s'entendent généralement pour se partager le risque, en assurant sur l'ensemble de l'immeu-

1...

ble, la même somme, autrement dit, les mêmes assurances partielles. (Voir *Coassurances*.)

Assurances en reprise. — C'est une assurance à effet différé, qui reprend à l'avance un risque encore assuré pour un an ou deux. Par exemple : un individu assuré contre l'incendie voit que son contrat touche à sa fin ; il veut, dès maintenant, renouveler son assurance, mais avec une autre Compagnie ; il demandera à cette dernière une assurance dont l'effet commencera le jour de l'expiration de celle qui est encore en cours.

Assurance supplémentaire. — Quand la valeur du risque se trouve augmentée, par une cause quelconque, on contracte une seconde assurance qui s'appelle supplémentaire, parce qu'elle supplée à l'insuffisance de la première.

Assurances sur la Vie. — L'assurance sur la vie est une mesure de prévoyance par laquelle une Compagnie vous offre les moyens, soit de réparer les dommages que causerait votre décès, soit encore d'améliorer votre propre situation durant votre existence.

De là, trois grandes divisions :

L'Assurance en cas de décès ;

L'Assurance en cas de vie ;

Et l'Assurance mixte qui n'est que la réunion des deux premières.

L'Assurance en cas de décès comprend :

1° L'Assurance temporaire;

2° L'Assurance pour la vie entière sur une seule tête ;

3° L'Assurance pour la vie entière sur deux têtes ;

4° L'Assurance de survie.

L'Assurance en cas de vie comprend :

1° Les rentes viagères immédiates sur une seule tête ;

2° Les rentes viagères différées;

3° Les rentes viagères immédiates sur deux têtes ;

4° L'Assurance de capitaux différés ;

5° L'Assurance à terme fixe.

En se reportant à chacune de ces combinaisons particulières, on se rendra compte des immenses services que peut rendre l'Assurance sur la vie, qui par ses applications nombreuses, permet de consolider l'épargne, d'établir le crédit, d'améliorer les situations sociales, d'assurer, dans le commerce et l'industrie, le succès d'une foule d'entreprises, de constituer des dots et des héritages, et enfin, de sauvegarder les intérêts de la famille.

On rencontre tous les jours des individus qui ne peuvent pas s'établir ni trouver du crédit; d'autres, qui végètent sans ressource dans leur vieillesse, d'autres encore, qui songent à se suicider, à la suite d'une perte considérable; on voit aussi des familles entières que la mort d'un parent a laissées dans la plus profonde misère; il est certain que tous ceux qui se trouvent dans de telles situations, n'en seraient pas là s'ils avaient eu recours à l'assurance.

En travaillant pour ses enfants, un père de famille n'accomplit que la moitié de son devoir; il doit aussi se mettre en garde contre les éventualités dont nous sommes tous menacés et qui, en le frappant, détruiraient le fruit de tous ses efforts antérieurs. L'Assurance sur la vie ne réclame de lui que quelques petits sacrifices, pour lui donner, au moment voulu, les ressources nécessaires et lui assurer tout de suite et quoi qu'il arrive, l'avenir de ses enfants.

Assurance temporaire. — C'est une combinaison de l'assurance en cas de décès, par laquelle la Compagnie s'engage à payer à la personne que vous lui désignez la somme convenue, lors de votre décès, si ce décès arrive avant une époque fixée. Si vous ne mourez pas dans cet intervalle, les primes restent acquises à la Compagnie.

Cette assurance vous permet d'offrir une garantie à un prêteur qui a confiance dans votre crédit et votre honorabilité, mais qui craint que votre mort, si elle arrivait pendant la durée du prêt, ne provoquât des difficultés pour le remboursement de la somme.

Elle vous procure aussi le moyen de donner une sécurité à votre famille pour le cas où votre existence serait liée pendant un certain temps au succès d'une combinaison quelconque ou à la réalisation d'une fortune.

Supposons que M. A... vous prête 10,000 francs pour cinq ans, votre mort seule peut rendre ce remboursement difficile, douteux. Vous assurerez pour cinq ans 10,000 francs à M. A... A trente ans, par exemple, vous auriez à payer 161 francs par an, soit, au total, 805 francs pour assurer cette somme, dans le cas où votre décès surviendrait dans l'intervalle de ces cinq ans.

Vous pourriez contracter une assurance semblable pour votre famille, si, par exemple, étant associé avec M. B... pour cinq ans, dans une affaire qui doit vous rapporter 100,000 francs, vous craigniez que votre mort ne détruisît vos espérances. Dans le cas d'un prêt, pour qu'il n'y ait pas interruption dans le payement des primes, et, par conséquent, annulation du contrat, on verse généralement une prime unique.

Il arrive souvent que l'emprunteur tient à rembourser tous les ans une partie de la somme; la dette s'amoindrit alors chaque année et les primes deviennent naturellement de moins en moins fortes et l'on a ce qu'on appelle l'assurance temporaire à *primes décroissantes.*

Assurance pour la vie entière sur une tête. — Lors du décès de l'assuré, à quelque époque qu'il ait lieu, la Compagnie payera aux héritiers de celui-ci ou à tout autre bénéficiaire désigné, la somme convenue.

Cette assurance est une de celles qui présentent le plus d'applications; elle convient à toutes les personnes qui vivent de leur travail et dont la mort serait une cause d'embarras ou de ruine pour un ami, un parent ou toute une famille.

Elle est d'un grand secours dans une foule de circonstances, comme on peut s'en rendre compte soi-même, quand il s'agit de garantir, en cas de décès, une dot, un emprunt, un héritage, un partage, etc.

La prime peut être *viagère* ou *temporaire*, c'est-à-dire être payable annuellement pendant toute la vie de l'assuré ou seulement pendant un certain nombre d'années. Dans ce dernier cas, elle est naturellement d'autant plus forte qu'elle dure moins longtemps. On a donc l'Assurance pour la vie entière, à primes viagères, et l'Assurance pour la vie entière, à primes temporaires.

Beaucoup de personnes emploient la prime temporaire, quand elles craignent, en vieillissant, d'être forcées de cesser leur travail ou lorsqu'elles prévoient, pour cette époque, une diminution dans leur revenu.

ASSURANCE POUR LA VIE ENTIÈRE SUR DEUX TÊTES. — Deux personnes peuvent s'assurer mutuellement; elles contractent alors une assurance sur deux têtes. Ainsi, supposons que M. A... et M. B... soient assurés dans ces conditions. Au décès de l'un des deux, la Compagnie payera au survivant, et non à d'autres, la somme convenue.

Deux associés, deux amis, qui vivent ou qui travaillent ensemble, deux époux, deux frères, ont souvent recours à cette combinaison, si la mort de l'un doit être préjudiciable au survivant, soit en forçant celui-ci à restituer un capital, soit en lui enlevant les ressources d'un travail commun.

Les primes de cette assurance sont plus élevées, parce que la Compagnie a deux risques, au lieu d'un.

ASSURANCE DE SURVIE. — C'est un contrat par lequel la Compagnie s'engage, au décès de M. A...., à quelque époque qu'il ait lieu, à payer la somme convenue à M. B..., et non à d'autre, si M. B... est encore vivant le jour de la mort de M. A...

C'est, par le fait, une modification de l'assurance en cas de décès pour la vie entière. Dans cette dernière, si le bénéficiaire meurt avant l'assuré, il peut être remplacé; ici, il n'en est pas de même; une fois le bénéficiaire mort, l'assurance disparaît. Aussi cette particularité rend le prix des primes moins élevé. L'assurance de survie s'applique donc aux personnes qui veulent assurer un parent ou un ami, et qui n'ont aucun intérêt, en cas de mort du bénéficiaire, à faire reporter cette assurance sur une autre tête.

Cette assurance s'appelle *Rente de survie*, lorsqu'au lieu d'un capital, on assure une rente viagère. (Voir *Rentes viagères*.)

ASSURANCES DE CAPITAUX DIFFÉRÉS. — (Assurance en cas de vie.) C'est un contrat par lequel la Compagnie s'engage à payer un capital déterminé à une époque convenue, si le bénéficiaire est encore vivant à cette époque. Si celui-ci meurt dans l'intervalle, le contrat est annulé, et les primes restent acquises à la Compagnie, à moins que l'assuré, s'il n'est pas aussi le bénéficiaire, n'ait contracté une contre-assurance (voir ce mot). Dans ce cas, il rentre dans ses primes, et l'opération n'a été pour lui qu'une suite de dépôts, avec les intérêts capitalisés.

Lorsque le versement des primes est interrompu avant la fin du contrat, pour une raison quelconque, l'assurance n'est pas annulée, mais le capital est réduit proportionnellement au nombre de primes payées. Ainsi, si cinq primes seulement ont été acquittées, sur vingt, le bénéficiaire, s'il est vivant à l'époque convenue, recevra les 5/20 du capital.

Cette assurance s'applique aux pères de famille qui veulent doter des enfants ou aux personnes qui désirent se réserver des ressources pour l'avenir, et qui craignent, en mettant de l'argent de côté, d'être tentés de le dépenser ou de le voir disparaître dans une crise financière.

ASSURANCES A TERME FIXE. — C'est un contrat par lequel la Compagnie s'engage à payer, à une époque déterminée, la somme convenue, soit au bénéficiaire, s'il est vivant, soit à ses héritiers, s'il est mort.

Cette combinaison se prête à une foule d'applications; elle se recommande surtout aux pères de famille qui veulent doter leurs enfants. Elle offre, en outre, des garanties et des avantages sérieux. Ainsi, supposons qu'un individu ait assuré par ce moyen, à un enfant, 10,000 francs payables dans vingt ans, c'est-à-dire en 1903. Si l'enfant meurt avant cette époque, serait-ce même le lendemain du payement de la première prime, l'assurance est toujours valable, et le père n'a qu'à désigner un nouveau bénéficiaire qui deviendra possesseur de la somme en 1903. Si c'est le père qui meurt, l'assurance subsiste encore, et il n'y a plus de primes à payer.

Si, par suite d'un accident de fortune, celui-ci, après trois ans, au moins, se trouve dans l'impossibilité de continuer le versement de ses primes, le capital garanti est réduit proportionnellement aux payements effectués, et on peut le toucher immédiatement, à raison de 5 0/0 d'escompte. Enfin, si l'assuré et le bénéficiaire mouraient avant l'époque fixée, le contrat n'en souffrirait nullement et les 10,000 francs seraient remis en 1903 aux héritiers du dernier bénéficiaire désigné.

Cette assurance donne droit à une part de 50 0/0 dans les bénéfices de la Compagnie.

Assurances mixtes. — L'assurance mixte est appelée ainsi parce qu'elle procède à la fois de l'assurance en cas de décès et de l'assurance en cas de vie. C'est un contrat par lequel la Compagnie s'engage à vous payer une somme convenue à vous-même dans un nombre déterminé d'années, si vous êtes vivant, ou à vos héritiers, immédiatement après votre mort, si vous mourez avant cette époque.

Vous pouvez donc, par ce moyen, vous assurer à vous-même un capital pour une époque fixée, de façon à ce que ce capital soit attribué à vos héritiers, dans le cas où la mort vous surprendrait avant. Vous pouvez encore constituer pour l'avenir la dot de votre enfant, tout en lui assurant le payement de cette dot immédiatement après votre décès, s'il arrivait avant son mariage. Enfin, cette assurance vous permet également d'amortir une dette avec la ressource de ne rien devoir après vous, en cas de décès prématuré.

L'assuré qui cesse de payer ses primes n'est pas déchu de ses droits s'il s'est acquitté au moins de trois années entières de primes. Le capital qu'il devait toucher lui reste dû dans les conditions du contrat, mais il est réduit proportionnellement aux primes versées.

Assurances variables. — (Voir *Variables*.)

Assuré. — C'est celui sur la tête duquel repose l'assurance, qui achète la garantie du risque. Si l'assurance est faite à son profit, il est à la fois assuré et bénéficiaire ; si l'assurance est faite au profit d'une tierce personne, c'est cette dernière qui est bénéficiaire, et l'autre ne conserve que le titre d'assuré avec les charges qui en dépendent. Enfin, il peut arriver qu'un individu souscrive une assurance sur la vie sans être l'assuré lui-même, dans ce cas, il faut que la personne sur la tête de laquelle repose l'assurance donne son autorisation. Il est nécessaire de bien saisir ces différences, pour ne pas faire de confusion, notamment dans les combinaisons de l'Assurance sur la vie.

L'assuré doit, en contractant, déclarer à l'assureur en quelle qualité il agit. Il doit, en outre, l'avertir de tous les changements susceptibles de modifier la valeur du risque. Toute déclaration fausse de l'assuré peut amener la déchéance des droits de ce dernier.

Assureur. — C'est celui qui s'engage à supporter le dommage à la place de l'assuré, qui lui vend, pour ainsi dire, sa garantie. C'est, en un mot, la Compagnie d'assurance avec laquelle vous traitez.

Toute Compagnie d'assurance a le droit, à titre d'assureur, de vérifier, lors du sinistre, l'exactitude des déclarations de l'assuré. Elle peut, en outre, faire réassurer son risque par d'autres Compagnies.

Autorisation. — Les femmes mariées et les mineurs ne peuvent contracter d'assurance sans l'autorisation de leurs maris, pères ou tuteurs. Quand le souscripteur d'une assurance sur la vie n'est pas l'assuré lui-même, il doit produire une autorisation de la personne sur la tête de laquelle il fait reposer son assurance.

Avances. — Les Compagnies d'assurances sur la vie consentent à faire à leurs assurés une avance sur le montant de leur police, moyennant un intérêt annuel de 5 0/0. Cette avance ne peut dépasser la valeur pour laquelle elles rachèteraient la police. (Voir Rachat.)

Avaries (Franchise d'). — Clause par laquelle une Compagnie ne s'engage à payer le montant d'un sinistre que lorsqu'il a dépassé un tant pour cent convenu de la somme assurée.

Avenant. — Un avenant est un article additionnel introduit dans la police et nécessité par une modification quelconque dans les conditions du contrat. Voici les principales causes qui rendent un avenant nécessaire :

Pour les assurances incendie, chômage et accidents: déplacement, aggravation ou diminution du risque; établissement d'une contiguïté ou d'un voisinage dangereux; changement dans la nature des objets assurés, dans la nature des matériaux de la construction ou de la couverture, dans l'usage réservé aux bâtiments; changement de propriétaire du risque; changement de la raison sociale par suite de vente, dotation ou succession; résiliation ou prorogation de l'assurance; augmentation ou diminution des valeurs assurées; chômage dans une usine ou reprise du travail; changement de métier.

Pour les assurances vie et maladies, un avenant est nécessaire en cas de voyage, de changement de résidence ou de désignation d'un nouveau bénéficiaire.

Ayants droit. — Les héritiers ayants droit d'un assuré (incendie, chômage, accidents) qui meurt, ne sont responsables des engagements de ce dernier à l'égard des Compagnies, qu'autant qu'ils ont accepté purement et simplement la succession ou qu'ils ont payé d'eux-mêmes une ou plusieurs primes de l'assurance. Quand l'acceptation a eu lieu sous bénéfice d'inventaire, ils ne sont tenus du payement des dettes que jusqu'à la valeur des biens qu'ils ont recueillis. Enfin, s'ils ont répudié la succession, ils ne sont redevables en aucune façon envers la Compagnie.

Il ne faut pas confondre les héritiers avec les ayants droit. Les héritiers sont ceux que la loi appelle à succéder en qualité de parents; les ayants droit sont ceux qui acquièrent des droits à la succession, par suite d'un contrat ou d'une disposition testamentaire. On range encore parmi ces derniers les enfants naturels et aussi l'État, quand il n'y a ni héritiers ni ayants droit.

Bâtiments. — Les bâtiments et immeubles sont assurés contre l'incendie, selon la classe à laquelle ils appartiennent. Cette classe est déterminée (voir Risques) d'après l'importance du risque, c'est-à-dire d'après les chances d'incendie provenant de la contiguïté de l'immeuble, de son voisinage, de la nature de sa construction, de sa destination, etc.

Le montant de l'assurance est basé sur le prix de l'immeuble au moment de la signature du contrat, et non sur son revenu. Toutes les parties, plus ou moins combustibles, caves, fondations, sont comprises dans l'assurance; on peut cependant en excepter les constructions qui seraient situées au-dessous d'un cours d'eau.

On peut, en outre, assurer ces bâtiments contre les risques de la foudre et des explosions de gaz, moyennant un supplément de prime.

Les Compagnies d'assurances contre le chômage assurent les immeubles contre le chômage des loyers. Elles remboursent au propriétaire le montant des loyers que lui fait perdre le temps employé à la reconstruction ou aux réparations nécessitées par le sinistre.

Bâtiments en construction. — On peut assurer contre l'incendie un bâtiment en cours de construction; on stipule d'abord la valeur de la construction au moment du contrat, puis on suit les progrès des travaux jusqu'à leur complet achèvement par des avenants successifs qui augmentent le capital assuré dans les proportions voulues.

Bénéfices. — Dans les Compagnies d'assurances sur la vie à primes fixes, les primes sont calculées d'après la table de mortalité Duvillard. Or, comme dans cette table, les individus ont été pris au hasard, et que les Compagnies d'assurances, au contraire, font un choix en faisant passer un examen médical à leurs assurés, il en résulte que les décès sont au-dessous du chiffre prévu et qu'il y a, par conséquent, excédent de recettes pour elles. Cet excédent est affecté aux frais généraux, et le surplus est réparti entre les actionnaires et les assurés, à titre de bénéfices, et proportionnellement pour les premiers à leur capital et pour les seconds à l'importance de leur contrat.

Dans les autres branches, et notamment dans la

branche incendie, le montant des sinistres est trop variable pour permettre de faire participer directement les assurés dans les bénéfices. Certaines Compagnies, quand elles ont un nombre suffisant de contrats et qu'elles voient leurs sinistres suivre une marche régulière, baissent le prix de leurs primes en conséquence. On comprendra toutefois que, dans l'intérêt même des assurés, elles se réservent toujours une marge en prévision des années mauvaises.

Bénéficiaire. — Le bénéficiaire de l'assurance est l'individu au profit duquel l'assurance est contractée; il n'est soumis à aucune obligation, à moins qu'il ne soit en même temps l'assuré lui-même.

Dans les assurances accidents, chômage, incendie et maladie, la qualité de bénéficiaire ne présente aucune particularité à noter; mais, dans l'assurance sur la vie, il est indispensable de ne pas laisser subsister d'équivoque sur ce point dans le contrat, pour éviter à l'avenir des confusions ou des procès.

Quand une personne s'assure, en cas de décès, un capital pour ses héritiers, le bénéficiaire n'est autre que la succession de l'assuré. En ce cas, le capital est confondu dans la succession au profit des héritiers et ayants droit, à moins d'une disposition testamentaire spéciale qui en indique expressément l'emploi.

Quand le bénéficiaire est désigné, cette désignation doit être complète. Il ne suffit pas de mettre, par exemple, les mots : époux, enfant, père, mère, il faut y ajouter les noms et prénoms. Pour une femme mariée, il est nécessaire d'y joindre les noms de demoiselle et, pour des enfants, la date de la naissance.

Enfin, il peut se faire qu'il y ait deux bénéficiaires, l'un désigné pour l'usufruit et l'autre pour la nue-propriété. Là encore, il est important de bien établir la distinction. Il faut aussi ne pas confondre héritiers avec ayants droit. (Voir ces deux mots.)

Bestiaux, Bétail. — Les Compagnies d'assurances contre l'incendie assurent les bestiaux, moyennant une surprime, contre l'incendie et contre la foudre, en faisant suivre cette assurance dans les champs, au travail, au pacage et, généralement, dans toutes les dépendances des fermes des assurés, ainsi que sur les chemins qui y conduisent, les foires et les marchés exclus.

Il y a des Compagnies d'assurances spéciales pour la mortalité du bétail. (Voir *Mortalité du bétail.*)

Bois et forêts. — Les Compagnies d'assurances contre l'incendie assurent les bois et les forêts. Les polices doivent indiquer la nature et l'étendue des bois, leurs essences, chênes, charmes, hêtres, etc., leur âge moyen et leur aménagement ; elles doivent spécifier, en outre, s'il existe à l'intérieur desdits bois des fours à chaux, des manutentions, des fauldes à charbon ou tout autre établissement susceptible d'augmenter les chances d'incendie.

Les bois doivent être distancés d'au moins 30 mètres, ou alors il y a agglomération de risques.

Bris des glaces, carreaux, vitres. — Il s'est formé des Compagnies qui assurent les bris de glaces, carreaux, vitres, etc. L'importance du risque varie selon la situation des glaces et la profession exercée par l'assuré. Il est clair, par exemple, que la glace de la devanture d'un cafetier situé sur un boulevard très fréquenté est plus exposée que celle d'un simple marchand demeurant dans une rue où il passe peu de monde.

Toute personne qui brise une glace doit payer le montant d'une glace de même dimension et de même qualité ; elle est responsable en outre des frais de pose.

L'article 1754 du Code civil établit qu'un propriétaire n'est pas tenu à la réparation des vitres, à moins qu'elles ne soient cassées par la grêle ou autres accidents extraordinaires et de force majeure, dont le locataire ne peut être tenu.

Capacité. — Dans l'assurance sur la vie et contre les accidents et les maladies, les mineurs et interdits ne peuvent contracter sans l'autorisation de leurs tuteurs.

Ont qualité pour contracter dans l'assurance contre l'incendie et pour en recevoir l'indemnité en cas de sinistre : les tuteurs pour les mineurs et les interdits, les donataires ou acquéreurs qui se sont conformés aux règles générales; les assurés pourvus d'un conseil judiciaire, avec l'assistance effective de leur conseil, nommé par le tribunal; des mineurs émancipés, avec l'assistance effective de leur curateur; le mari pour sa femme, s'il y a communauté, ou s'il s'agit des biens dotaux de sa femme, et s'il prouve qu'il n'est pas tenu à remploi; collectivement le mari et la femme, s'il y a séparation de biens, ou s'il s'agit de biens paraphernaux, ou encore lorsque la femme est marchande et que ce sont les objets de cette dernière qui ont été sinistrés; le syndic, pour les biens d'un failli; les gérants, ou administrateurs des Sociétés, quand les statuts leur en confèrent le droit. Lorsque l'assuré ne sait pas signer, il doit amener quelqu'un muni d'une procuration, ou faire une croix en présence de témoins.

Capital (*Assurance d'un*). — On peut s'assurer un capital dans différentes conditions :

Pour une époque déterminée. (Voyez *Assurance mixte* et *Assurance à terme fixe*.)

En cas de vie. (Voyez *Assurance de capitaux différés*.)

En cas de décès. (Voyez *Assurance temporaire*, *Assurance vie entière sur une ou deux têtes*.)

En cas de survie, (Voyez *Assurance de survie*.)

Capital social. — Le capital social dans une Compagnie d'assurances est le montant des souscriptions versées par les actionnaires. Ce capital sert à faire face aux frais d'installation, d'administration, etc.; et il supplée, dans les années où les sinistres dépassent la moyenne prévue, à l'insuffisance des cotisations ou primes des assurés.

Cautionnement. — Il existe quelques Compagnies d'assurances qui délivrent aux employés, et notamment aux receveurs, percepteurs, caissiers, officiers ministériels, pouvant fournir de bonnes références, des polices qui tiennent lieu de cautionnement. Les primes varient de 1/2 à 2 0/0 selon la nature de l'emploi.

Certificat de vie. — L'article 1983 du Code civil dit textuellement : « Le propriétaire d'une rente viagère n'on peut demander les arrérages qu'en justifiant de son existence ou de celle de la personne sur la tête de laquelle cette rente a été constituée ».

Les certificats de vie sont délivrés soit par les notaires, soit gratuitement par les présidents des tribunaux ou les maires. Pour les rentiers résidant à l'étranger, les certificats de vie doivent être légalisés par les agents diplomatiques.

Dans les assurances mutuelles sur la vie, et lors de la liquidation des Sociétés, les souscripteurs sont tenus de produire le certificat de vie de la personne sur la tête de laquelle repose l'assurance.

Quand un rentier viager ne peut toucher lui-même ses rentes, il doit envoyer à la Compagnie un certificat de vie.

Cessation d'affaires. — Un assuré qui cesse ses affaires et dont la profession avait provoqué l'assurance doit une prime d'indemnité à la Compagnie.

Cession. — Un assuré qui cède son établissement dans lequel se trouve l'élément de son assurance, doit passer les charges de l'assurance à son successeur, sous peine d'être obligé à une prime d'indemnité.

Cheminées. — Les articles 657 et 674 du Code civil, l'ordonnance du 1er décembre 1852, indiquent les mesures à prendre et les règlements à suivre pour l'établissement, la réparation et l'entretien des cheminées. L'article 471 du Code pénal rend passible d'une amende les personnes qui ne se seraient pas conformées à ces ordonnances.

Un assuré chez qui le feu prend par le fait d'avoir négligé le ramonage de sa cheminée peut, dans certains cas, être déchu de ses droits.

Chemins de fer. — Il existe, pour les voyageurs, des assurances contre les accidents de chemins de fer. La Compagnie vous garantit en cas de décès ou incapacité quelconque de travail (comme dans l'assurance contre les accidents) des sommes déterminées. La prime est basée sur le montant de la somme garantie et l'âge de l'assuré.

Cette assurance est d'une grande utilité, notamment pour les commis-voyageurs. En Amérique, en Allemagne et surtout en Angleterre, elle est très répandue, même parmi les particuliers qui peuvent prendre un billet d'assurance pour un simple voyage, si court qu'il soit.

Cheptel. — Contrat par lequel une des parties donne à l'autre un fonds de bétail pour le garder, le nourrir et le soigner sous certaines conditions et pendant un temps déterminé. (Voir le Code civil, art. 1800 à 1831 inclus.)

Le preneur n'est tenu au cas fortuit que lorsqu'il a été précédé de quelque faute de sa part sans laquelle la perte ne serait pas arrivée.

(Pour les assurances, voir *Bestiaux, Mortalité du bétail*.)

Chevaux et voitures. — L'assurance des chevaux et voitures est, par le fait, une division de l'assurance contre les accidents; néanmoins, il y a des Compagnies spéciales pour cette partie. Il faut considérer trois sortes d'accidents : l'accident causé à des tiers par les chevaux et voitures de l'assuré; l'accident causé aux chevaux et voitures de l'assuré par des tiers; enfin l'accident causé aux chevaux et voitures de l'assuré par lui-même ou ses préposés. Dans ce dernier cas, il peut y avoir choc avec un tiers, ou contre un mur, un arbre, etc., comme il se peut très bien qu'il n'y ait contact ni participation des tiers.

Les primes varient selon la nature de la voiture et des chevaux, l'usage auquel ils sont employés et les pays où ils circulent.

Chômage. — Lorsqu'une usine est mise en chômage, c'est-à-dire lorsqu'on cesse d'y travailler, les causes d'incendie sont naturellement moins nombreuses. Il y a donc diminution du risque. Dans ce cas, les Compagnies consentent à réduire la prime des deux tiers de ce qu'elle était; mais la mise en chômage ne donne lieu à aucune ristourne sur la prime de l'année en cours. D'un autre côté, quand une usine assurée est de début et chômage est mise en activité, les primes nouvelles sont celles du tarif en vigueur lors de la souscription de la police, et ces primes ne subissent pas de fractionnement; on doit les payer pour l'année entière comptée d'après la date de la police, sauf pour les marchandises contenues dans ladite usine et jouissant du privilège de fractionnement. Si les bâtiments sont absolument vides de tout mobilier industriel, et que la déclaration en ait été faite dans le contrat, on applique aux bâtiments la prime de simple maison d'habitation, et cette prime peut être fractionnée s'il y a lieu.

Dès qu'une usine, assurée en chômage, est mise en activité, il importe d'en faire immédiatement la déclaration à la Compagnie, de régulariser la police et de payer la nouvelle prime, sous peine de déchéance en cas de sinistre.

Chômage (*Assurance contre le*). — On a créé il y a quelques années une nouvelle branche d'assurance qui s'est répandue promptement parce qu'elle répondait à d'impérieux besoins: c'est l'assurance contre le chômage industriel et la perte des loyers résultant d'incendie ou d'explosion.

Cette assurance a pour but de tenir compte à l'assuré des dommages que lui cause, après un incendie ou une explosion, l'interruption forcée de ses affaires pendant le temps employé aux réparations ou à la reconstruction de l'immeuble.

Une Compagnie d'assurance contre le chômage s'engage donc envers ses assurés:

S'ils sont propriétaires, à les indemniser de la perte de leurs loyers ou de la privation de leur immeuble, depuis le jour du sinistre jusqu'au complet achèvement des travaux.

S'ils sont locataires, négociants, industriels, à les indemniser de l'intérêt des capitaux rendus improductifs ou des bénéfices qu'ils n'ont pu réaliser pendant la disparition temporaire de leurs mobiliers, marchandises, outillage, machines, etc.

On voit par ce qui précède que l'assurance contre le

chômage est le complément indispensable de l'assurance contre l'incendie. En effet, en principe, tandis que la seconde procède à la reconstitution de la chose détruite, la première vous dédommage du préjudice causé par l'absence momentanée de ladite chose.

Pour contracter une assurance contre le chômage, il faut donc être déjà assuré contre l'incendie; l'une et l'autre de ces deux assurances portent sur les mêmes articles. En tous cas, et à moins de conditions spéciales, l'assurance chômage ne doit pas dépasser 10 0/0 du capital assuré contre l'incendie. Elle garantit aussi le recours du locataire et des propriétaires ainsi que celui des voisins. Enfin pour les règlements, les cas d'annulation, de déchéance, de vente, de fraude, etc., l'assuré est soumis aux mêmes lois et aux mêmes conditions générales que dans l'assurance contre l'incendie.

Clauses. — Une clause est une disposition particulière d'un contrat. Toute clause n'est valable qu'à la condition de pouvoir être exécutée et de ne pas être contraire aux lois.

Le Code civil établit que :

Art. 1135. — Les clauses obligent non seulement à ce qui y est exprimé, mais encore à toutes les suites que l'équité, l'usage ou la loi donnent à l'obligation d'après sa nature.

Art. 1157. — Lorsqu'une clause est susceptible de deux sens, on doit plutôt l'entendre dans celui avec lequel elle peut avoir quelque effet, que dans le sens avec lequel elle n'en pourrait produire aucun.

Art. 1160. — On doit suppléer dans le contrat les clauses qui y sont d'usage quoiqu'elles n'y soient pas exprimées.

Coassurance. — La coassurance est la participation de plusieurs Compagnies dans l'assurance d'un même risque important. Dans ce cas, les conditions des polices doivent être absolument les mêmes et l'assurance de chacune des Compagnies coassureurs ne doit pas porter sur telle ou telle partie du risque, mais sur un tant pour cent de la totalité, de façon à ce qu'en cas de sinistre, si petit qu'il soit, chacune des Compagnies soit appelée à payer sa part d'indemnité.

La déclaration des Compagnies coassureurs n'est nécessaire qu'au moment du sinistre.

Communications et Contiguïtés. — Il y a, dans l'assurance incendie, communication d'un risque avec un autre, quand il existe entre ces deux risques des constructions et des matières inflammables pouvant porter le feu de l'un à l'autre.

Il y a contiguïté entre deux risques lorsque ceux-ci sont accolés ou adossés l'un contre l'autre ou qu'ils se touchent par une de leurs parties ou un de leurs angles.

La contiguïté est sans communication, quand les deux immeubles contigus sont séparés par un mur en pierre, moellons ou briques sans ouverture et s'élevant depuis la base jusqu'au faîte. Elle est avec communication quand il existe dans ce mur une ouverture suffisante pour donner passage à la flamme. Néanmoins un simple trou, pour un arbre de couche, une transmission de mouvement ne constitue pas une communication. Enfin la contiguïté peut exister par les angles.

Un assuré doit toujours faire à la Compagnie la déclaration des communications ou contiguïtés existantes au moment de la signature de sa police, ou s'établissant pendant le cours de son contrat.

Toute contiguïté ou communication, provoquant une aggravation ou une agglomération de risques, oblige à un supplément de prime qui varie selon la classe du risque nouveau et la nature de la contiguïté ou de la communication.

Compagnies d'assurances. — Les Compagnies d'assurances sont des Sociétés anonymes ayant pour but d'exploiter une ou plusieurs branches de l'Assurance, c'est-à-dire de garantir les propriétaires de risques moyennant des primes que ceux-ci leur versent régulièrement, contre les dommages de toutes sortes qu'ils peuvent éprouver.

On distingue les Compagnies d'assurances à primes

fixes, les Compagnies d'assurances mutuelles et les Compagnies d'assurances mixtes.

On comprend facilement qu'une Compagnie d'assurances ait besoin d'un capital social, quoique théoriquement l'ensemble des primes versées doive suffire pour équilibrer les sinistres.

Les chiffres donnés par la statistique ne sont vrais que si l'on opère sur un nombre important de contrats. Or, au début de leur création, les Compagnies ont naturellement peu de contrats ; s'il survient un fort sinistre toutes les primes peuvent se trouver absorbées ; il est donc nécessaire qu'elles aient des ressources devant elles afin de pouvoir faire face à toutes les éventualités. C'est pourquoi la loi les oblige à avoir un capital social et un fonds de réserve, ou une avance quelconque.

Compagnies d'assurances étrangères. — Les Compagnies d'assurances étrangères n'ont pas besoin de l'autorisation du gouvernement français pour s'établir en France. Celles qui ont obtenu l'autorisation de leur gouvernement peuvent exercer leurs droits et ester en justice en France, en se conformant aux lois de notre pays.

Les Compagnies étrangères non autorisées par leur gouvernement n'ont donc pas d'existence légale en France, et les personnes qui contractent avec elles n'ont de recours en cas de difficultés que contre leurs agents considérés comme personnes privées.

Compagnie d'assurances françaises. — La loi de 1867 sur les Sociétés financières, loi qui va être modifiée prochainement dans certaines de ses parties, permet aux Sociétés anonymes françaises de se constituer sans l'autorisation du gouvernement, mais elle fait une exception pour les Compagnies d'assurances sur la vie, qu'elle soumet à l'autorisation et à la surveillance de l'État.

Cette exception est causée par la responsabilité considérable qu'ont les Compagnies d'assurances sur la vie, et la nature toute particulière de leurs contrats avec les assurés. On sait, en effet, qu'elles ont à servir des rentes viagères ou à verser des capitaux à des époques plus ou moins éloignées ; elles détiennent, pour ainsi dire, une partie de la fortune de leur clientèle. Il est donc nécessaire que leur situation soit claire, leurs ressources certaines et leur existence exempte de tout vice originel. C'est pourquoi l'Etat les soumet à son autorisation, autorisation qui n'est accordée qu'autant qu'elles ont déposé à la Caisse des Dépôts et Consignations la partie exigible de leur capital et que leurs statuts ont été adoptés par le Ministère du commerce et le Conseil d'Etat.

Nous devons signaler en passant, à l'honneur des Compagnies françaises d'assurances sur la vie, que, depuis plus de 70 ans que cette assurance est organisée en France, pas une seule d'entre elles n'a manqué à ses engagements. C'est surtout à l'intelligence de leur gestion et à l'honorabilité de leur administration que l'on doit cet heureux résultat.

La loi règle en outre pour toutes les Compagnies d'assurances le placement de leurs fonds ; elle les oblige à employer leurs capitaux en immeubles et en valeurs de premier ordre garanties par l'Etat, telles que : nos Rentes françaises, les actions et obligations de nos grands chemins de fer, du Crédit foncier, etc. Elle leur interdit tout emprunt par hypothèque ou autrement, ainsi que toute opération, même sur fonds publics et valeurs mobilières, n'ayant pas pour résultat immédiat la levée ou la livraison des titres, ou pouvant ressembler à une spéculation quelconque. Elle les astreint à soumettre, tous les six mois, un état de leur situation financière au Ministère de l'agriculture et du commerce, et à le déposer en même temps à la Préfecture de la Seine et à la Préfecture de police, à la Chambre et au greffe du Tribunal de commerce de Paris où ce document est constamment à la disposition du public. Enfin, elle fixe le montant du capital de garantie et le taux du prélèvement à faire sur les bénéfices annuels pour la constitution d'un fonds de réserve.

On voit que si les Compagnies d'assurances françaises s'administrent avec la plus scrupuleuse exactitude, la loi n'a pas négligé de son côté de procurer au public les garanties les plus larges.

Compagnies d'assurances mixtes. — Dans les Compagnies d'assurances mutuelles, la contribution variable est quelquefois un inconvénient pour l'assuré, car elle peut atteindre un taux très élevé à la suite d'un sinistre important. On parvient à la rendre fixe en adjoignant à la mutualité une Compagnie pourvue d'un capital qui comble ou encaisse les différences entre la contribution fixe et la contribution réelle. Les Compagnies d'assurances qui ont adopté ce principe s'appellent Compagnies mixtes.

Compagnies d'assurances mutuelles. — Les Compagnies d'assurances mutuelles sont formées par la réunion d'individus qui mettent leurs risques en commun et s'engagent à réparer collectivement les dommages éprouvés par les membres de leur association ; ils sont par le fait assureurs et assurés. A la fin de l'année on additionne les indemnités et le montant en est payé par l'ensemble des membres de la mutualité, proportionnellement pour chacun à la valeur de l'objet qu'il a assuré. La redevance annuelle que chaque membre a à payer, par suite de cette répartition, s'appelle *contribution*. Cette contribution est donc essentiellement variable, et rien n'en peut faire prévoir à l'avance le montant. Dans les Compagnies d'assurances à primes fixes, au contraire, elle ne change pas.

En dehors de cette contribution, il y a une *cotisation* ; c'est une redevance fixe payable d'avance, destinée à faire face aux frais d'administration de l'association.

Certaines Compagnies procèdent à la fois de la mutualité et de l'assurance à primes fixes ; elles s'appellent pour cette raison : Compagnies mixtes.

Compagnies d'assurances à primes fixes. — Les Compagnies d'assurances à primes fixes sont des Sociétés anonymes créées par un groupe d'actionnaires qui apportent le capital social et qui sont exposés à toutes les chances de l'entreprise. La Compagnie comprend un directeur et un conseil d'administration responsables. Tant que le capital n'est pas entièrement versé les actionnaires peuvent être appelés à parfaire le montant de leur souscription. Les opérations sont conclues par le directeur qui engage seul la Société, et au nom de qui toutes les assurances sont faites.

Ici les primes sont fixes ; on les calcule d'après les tables et les chiffres donnés par les statistiques.

Constructions sur le terrain d'autrui. — Quelles que soient les conditions arrêtées entre le propriétaire et le locataire au sujet de ces constructions, les Compagnies font insérer la cause suivante dans le contrat :

« M. X... déclare que le bâtiment assuré par l'article ... de la présente police a été construit sur un terrain appartenant M. Y..., dont il est locataire, suivant bail expirant le ... (ou suivant conditions verbales).

» Il est par suite expressément convenu qu'en cas de sinistre total ou partiel : 1° L'assuré n'aura droit à l'indemnité fixée par l'expertise qu'autant que le montant en sera employé à la réparation dudit bâtiment ou à sa reconstruction sur le même emplacement ; 2° Il n'en pourra toucher le montant que par acompte, au fur et à mesure de l'exécution des travaux sur la production de mémoires dûment vérifiés.

» A défaut de réparation ou de reconstruction sur le même emplacement, l'assuré n'aura droit, pour la portion détruite ou endommagée, qu'à une indemnité réglée d'après la valeur de démolition et qui lui sera immédiatement payée. »

Contiguïté. — Voir *Communication.*

Contrat. — Code civil, art. 1101. — Le contrat est une convention par laquelle une ou plusieurs personnes s'obligent, envers une ou plusieurs autres, à donner, à faire, ou à ne pas faire quelque chose.

Art. 1108. — Quatre conditions sont essentielles pour la validité d'une convention : la capacité de contracter;

un objet certain qui forme la matière de l'engagement;
une cause licite dans l'obligation.

L'article 332 du Code de commerce qui établit la forme
et l'objet du contrat d'assurance maritime est celui qui
sert dans la législation de toutes les assurances.

Code de commerce, art. 332. — « Le contrat d'assurance
est rédigé par écrit. Il est daté du jour auquel il est
souscrit. Il y est énoncé si c'est avant ou après midi.
Il peut être fait sous signature privée. Il ne peut conte-
nir aucun blanc. Il exprime : le nom et le domicile de
celui qui fait assurer, sa qualité de propriétaire ou de
commissionnaire,... la nature et la valeur ou l'estimation des marchandises ou objets que l'on fait assurer;
les temps auxquels les risques doivent commencer et fi-
nir; la somme assurée; la prime ou le coût de l'assurance; la soumission des parties à des arbitres, en cas
de contestation, si elle a été convenue; et généralement
toutes les autres conditions dont les parties sont convenues. »

Contre-Assurance. — Dans l'assurance de capitaux différés (Voir : *Ass. de cap. diff.*), lorsque le bénéficiaire meurt avant la fin du contrat, les primes payées
doivent rester à la Compagnie. Mais si l'assuré le désire,
il peut recouvrer ses primes en stipulant dans sa police
qu'il prend une contre-assurance, c'est-à-dire une seconde
assurance qui lui garantit le remboursement de ses dé-
boursés en cas de décès prématuré du bénéficiaire.

On ne peut contracter de contre-assurance que dans les
assurances de capitaux différés.

Contrôle. — Le contrôle et la surveillance de l'État
à l'égard des Compagnies d'assurances sur la vie s'exer-
cent par l'envoi de commissaires spéciaux qui examinent
les livres et les comptes, ainsi que toutes les pièces qui
peuvent les éclairer efficacement sur les affaires et la
gestion de la Société. Ils s'assurent que la loi et les statuts ont été fidèlement observés et que les bilans annuels
sont suffisamment précis pour pouvoir renseigner sans
restriction l'opinion publique.

D'un autre côté, les Compagnies doivent, tous les six

mois, déposer un état de leur situation au ministère du commerce, à la préfecture de la Seine, à la chambre et au greffe du tribunal de commerce, où ils sont contrôlés et où les intéressés peuvent les consulter.

Enfin, les actionnaires eux-mêmes nomment à chaque assemblée générale des vérificateurs qui ont pour mission de contrôler jusqu'aux moindres affaires de la Compagnie, et de rédiger un rapport détaillé sur le résultat de leurs travaux.

Contribution, Cotisation. — Dans les Compagnies d'assurances mutuelles, la cotisation est la redevance due par chaque associé pour subvenir aux frais généraux; la contribution est la part dont on a débité chacun d'eux dans la répartition proportionnelle des indemnités à payer aux sinistrés.

La prime totale se compose donc de la cotisation qui se paie au début de chaque année et de la contribution qui se règle après l'inventaire.

Créances hypothécaires. — Les assurances sur la vie offrent le moyen de payer une créance hypothécaire. Le débiteur contracte sur sa tête une assurance vie entière du montant de la créance, au bénéfice de son prêteur, et à sa mort sa dette se trouve acquittée. Il peut aussi contracter une assurance à terme fixe dans les mêmes conditions. (Voir *Assurances*.)

Un immeuble grevé d'une hypothèque peut être assuré contre l'incendie au profit du créancier; les primes sont celles de l'assurance ordinaire. Il y a trois manières de contracter une telle assurance:

1° Le propriétaire débiteur agit seul. — Il délègue à son prêteur le bénéfice de l'assurance en introduisant dans la police un article dans lequel il déclare « vouloir que, en cas d'incendie, l'indemnité à lui revenir soit versée et acquittée aux mains et sur la simple quittance de M..... (le prêteur) (dire si c'est en totalité ou jusqu'à concurrence de...), à qui il donne, par ces présentes, tout pouvoir de recevoir et de fournir bonne et valable quittance à la Compagnie. »

L'indemnité, à moins qu'il y ait opposition, sera donc versée par la Compagnie au créancier, et le surplus, s'il y a lieu, au propriétaire. Mais cette délégation n'offre pas une garantie bien sérieuse, car si le propriétaire ne tient pas ses engagements avec la Compagnie, il est déchu du bénéfice de l'assurance, et le créancier perd par ce fait tous ses droits à l'indemnité.

2° Le créancier agit seul. — Il fait assurer l'immeuble en son nom, et en qualité de créancier hypothécaire. En cas d'incendie, la Compagnie n'est obligée envers lui que pour le montant de sa créance, et si son inscription arrive en ordre utile. Mais elle ne lui devra d'indemnité que si la partie non atteinte de l'immeuble peut encore garantir la créance, autrement elle ne soldera que la partie de la créance que l'incendie aura laissée à découvert. Si tout est détruit, la créance lui sera payée intégralement. Enfin, si l'immeuble en question se trouvait déjà assuré par une autre Compagnie, le créancier devrait faire valoir ses droits sur l'indemnité due au propriétaire par cette dernière, et il ne toucherait de l'autre que la partie de sa créance non réglée par celle-ci.

3° Le créancier et le débiteur agissent conjointement. — Ils s'obligent alors collectivement au paiement des primes. Par ce fait, le créancier acquiert un droit de surveillance pour s'assurer si le débiteur exécute bien toutes les conditions du contrat, et s'il ne s'expose pas à des cas de déchéance.

Comme on le voit, cette troisième manière est celle qui offre le plus de garantie au créancier. En cas de sinistre, celui-ci reçoit le montant de sa créance, s'il a conservé tous ses droits, et le surplus retourne au propriétaire.

Décès. — Pour les assurances en cas de décès, voir au mot *Assurances*.

En cas de décès de l'assuré dans l'assurance vie et accidents, le bénéficiaire doit produire les actes de naissance et de décès du défunt, un certificat d'identité visé par le maire, et la police de l'assurance avec la dernière quittance.

En cas de décès de l'assuré dans l'assurance incendie et chômage, les héritiers doivent déclarer leurs qualités dans le délai d'un mois et se faire donner acte de la déclaration par la Compagnie. S'il s'agit d'un simple immeuble, l'assurance continue de plein droit avec les héritiers, qui devront s'entendre entre eux pour que le paiement des primes se fasse toujours en une quittance; s'il s'agit d'une fabrique ou d'objets mobiliers, la Compagnie peut résilier immédiatement le contrat.

Déchéance. — (Voir *Annulation.*) — Un assuré peut être frappé de déchéance, quand il est l'auteur volontaire du sinistre, quand il y a eu fraude de sa part ou fausse déclaration, quand il a commis une faute lourde comparable à un délit, quand il n'a pas déclaré l'aggravation de son risque, ou son déplacement, enfin quand il déclare le sinistre après le délai voulu.

Dans ces conditions, il est bien facile de ne jamais encourir de déchéance, puisqu'il suffit d'observer les règles les plus élémentaires de la prudence et de la loyauté.

Déclaration. — Code de commerce, art. 348 : « Toute réticence, toute fausse déclaration de la part de l'assuré qui diminuerait l'opinion du risque, ou en changerait le sujet, annule l'assurance; l'assurance est même nulle dans le cas où la réticence ou la fausse déclaration n'aurait pas influé sur le dommage ou la perte de l'objet assuré. »

Déclaration de sinistres. — Toute déclaration de sinistre doit être faite à la Compagnie par l'assuré ou le bénéficiaire, suivant le cas, ou bien encore par un parent, un associé ou un fondé de pouvoir. Il faut, en outre, produire la dernière quittance.

Le délai accordé est de un mois pour les assurances sur la vie et de deux jours pour toutes les autres assurances; (Voir, pour plus de renseignements, aux diverses assurances.)

Déménagement, Déplacement. — Un changement de domicile ou un déplacement des objets assurés no dégage en rien l'assuré de son contrat. La déclaration doit en être faite par lettre chargée ou par avenant à la Compagnie ; celle-ci modifie la prime si le risque se trouve aggravé ou amélioré par le nouveau voisinage, sans toutefois donner de ristourne sur l'année en cours, à moins qu'il ne s'agisse d'un industriel apportant de sérieuses améliorations.

Dépositaires. — Le dépositaire est responsable des choses qu'on lui confie ; mais les détériorations qui ne sont pas de son fait sont à la charge du déposant.

Si les marchandises déposées sont assurées par le commerçant à qui elles appartiennent, le dépositaire n'en est pas moins responsable ; mais s'il fait assurer ces dernières pour son propre compte, il ne paiera que le quart de la prime.

Dérogation. — Changement dans la disposition d'une clause. Une dérogation peut être faite par un avenant si la Compagnie y consent.

Diminution. — Quand la valeur d'un objet assuré diminue, on peut demander à diminuer d'autant le montant de l'assurance.

Dissolution. — Quand une Société assurée est en dissolution, liquidation ou faillite, le directeur ou le gérant doit en faire la déclaration à la Compagnie.

Si la dissolution est pure et simple, le contrat est résilié ; mais, s'il n'y a qu'un changement dans la raison sociale, si l'un des associés prend la suite des affaires et apporte dans la nouvelle association la chose assurée, le contrat doit être maintenu dans les mêmes conditions.

Dommages-Intérêts. — Les dommages-intérêts doivent non seulement réparer le préjudice matériel ou pécuniaire de la victime d'un accident ; mais encore compenser autant que possible les souffrances physiques ou morales qu'elle ressent. D'un autre côté, les dommages-intérêts doivent être proportionnés aux ressources de celui qui est condamné à les payer.

Une femme qui perd son mari par la faute d'un tiers

— est en droit de réclamer une indemnité à l'auteur de l'accident pour la seule raison que la mort de son mari a mis fin à une union heureuse. Une mère peut aussi être indemnisée de la perte d'un fils, simplement à cause de la peine qu'elle en éprouve.

Enfin, le directeur d'une usine est passible de dommages-intérêts quand la fabrication à laquelle il procède produit un bruit trop violent ou des émanations très désagréables, en un mot, quand son exploitation, quelle qu'elle soit, excède la mesure ordinaire des obligations du voisinage.

Les Compagnies d'assurances ne peuvent être obligées qu'aux indemnités prévues par les conditions du contrat.

Donation. — En cas de vente ou donation d'un objet assuré contre l'incendie, le donateur ou le vendeur est tenu d'imposer au nouveau propriétaire l'obligation d'exécuter la police, sous peine de payer à la Compagnie une année de prime. Le nouveau propriétaire doit, de son côté, déclarer sa qualité dans le délai d'un mois.

Dot, Dotation. — On peut constituer des dots à des enfants, ou faire des dotations au moyen des combinaisons de assurance sur la vie.

(Voyez *Assurance de capitaux différés*, *Assurance mixte*, *Assurance à terme fixe*.)

Duel. — Voir *Annulation*.

Durée des contrats. — Dans l'assurance contre l'incendie, la durée du contrat est généralement de dix ans pour les immeubles ; pour les marchandises, elle peut être moindre d'un an. (Voir *Assurance au-dessous d'une année*.) Dans l'assurance sur la vie, elle est limitée ou indéfinie, suivant les cas.

Emprunt. — On peut garantir un emprunt avec une police d'assurance Vie entière ou d'assurance mixte. On a la certitude qu'en cas de décès, on ne laisse pas sa dette à ses héritiers.

Les Compagnies d'assurances prêtent sur les polices qui datent de plus de trois ans une somme jusqu'à concurrence de la valeur pour laquelle elles rachèteraient ladite police. (Voir *Rachat.*)

Enregistrement. — Toute police produite en justice lors d'un procès ou d'un différend doit être enregistrée. Le droit d'enregistrement est de 10 0/0 sur la totalité des primes (dixième en plus, loi du 23 août 1871).

Entrepôts. (Voir aussi *Dépositaire.*) — Les assurances d'Entrepôts, Docks, Magasins généraux ou publics présentent certaines particularités en raison des intérêts différents qui sont en cause et des conditions exceptionnelles du risque. Les Compagnies limitent le montant de leur garantie par un plein spécial qu'elles déterminent au moment du contrat d'après l'importance de l'entrepôt. Les primes sont basées sur le nombre d'étages des entrepôts et la nature des marchandises qu'ils contiennent; le prix de ces primes est justifié sur la police par l'énumération des éléments qui ont servi à les calculer.

L'assurance peut se présenter sous les différentes formes suivantes :

L'administration des entrepôts assure toutes les marchandises confiées à sa garde, sans exception.

Elle assure les marchandises non assurées par les négociants-déposants.

Elle assure simplement les marchandises que ses déposants l'ont chargée expressément d'assurer.

Les assurances sont souscrites au nom des déposants.

Enfin la Compagnie peut avoir à assurer des marchandises warantées.

Chacun de ces cas nécessite naturellement des clauses spéciales propres à bien préciser les conditions du contrat et les droits des parties. Ces clauses sont identiques maintenant dans toutes les Compagnies; nous ne pouvons les reproduire ici à cause de leur longueur; du reste, elles n'ont d'intérêt que pour les entrepositaires, et il n'en est pas un seul d'entre eux qui ne les connaisse entièrement.

Entrepreneurs. — Un entrepreneur garantit ses travaux; il est responsable, en outre, des dommages que causent ses ouvriers ainsi que des accidents survenus à ceux-ci par sa négligence ou son imprudence.

Les entrepreneurs peuvent, pour leur propre compte, assurer contre l'incendie les bâtiments qu'ils construisent ; la prime est celle de l'immeuble achevé, mais si le propriétaire a conclu de son côté une assurance, la prime pour l'entrepreneur n'est plus que du quart.

Epizootie. — Quand l'épizootie apparaît dans un troupeau, le détenteur du troupeau doit en faire la déclaration au maire et enfermer son bétail malade jusqu'à nouvel ordre, sous peine d'amende et de prison.

Les Compagnies d'assurances contre la mortalité du bétail n'assurent pas l'épizootie.

Estimation. — L'estimation d'un risque au moment d'un contrat se fait d'après sa valeur industrielle. Les marchandises ou objets sinistrés sont estimés non pas au prix de vente dans le commerce, mais au prix de revient.

Etat (*Assurance par l'*). — Différents projets de loi sur l'assurance obligatoire par l'Etat ont été présentés plusieurs fois au Parlement sans succès. Nous croyons utile de reproduire à titre d'arguments contre le principe de l'assurance par l'Etat, les lignes suivantes extraites du rapport de la commission parlementaire qui, en 1851, a été chargée d'étudier cette proposition :

« La commission a pensé qu'en principe la proposition violait à la fois la liberté et le droit de propriété à l'égard de l'assuré et à l'égard de l'assureur, en vue d'une utilité qui n'existe pas. Elle a pensé que l'appât financier de la mesure était plus spécieux que solide et que ses conséquences seraient d'élever le taux des primes et le chiffre des pertes, de rendre les répartitions et les dommages plus difficiles et plus coûteux, d'accroître le nombre des fonctionnaires et les embarras administratifs et de multiplier les chances d'incendie et de destruction. »

Quant à l'assurance libre par l'Etat, le public ne paraît pas disposé à l'accueillir favorablement. Il pense que le gouvernement doit se contenter des grands services publics qu'il détient à juste titre, tels que les impôts, le télégraphe, la poste, etc., mais qu'il ne doit pas s'immiscer outre mesure dans les intérêts particuliers.

C'est pourquoi la *Caisse des assurances contre les accidents* et la *Caisse des assurances en cas de décès* que l'Etat a créées et subventionnées, végètent d'une façon déplorable, alors que les Compagnies similaires dues à l'initiative privée, ont su s'attirer une clientèle importante qui s'accroît de jour en jour. Et cependant les primes de ces assurances de l'Etat sont moins élevées que celles des Compagnies; il faut donc supposer que le public trouve encore un avantage à payer plus cher et à s'adresser aux Compagnies particulières.

D'ailleurs, cette répugnance du public envers l'Etat, en ce qui concerne les assurances, n'existe pas en France seulement, elle se produit également en Angleterre, où l'institution gouvernementale a donné les résultats les plus dérisoires, après quinze années d'existence.

Examen médical. — L'examen médical a été très simplifié, de façon à gêner le moins possible les personnes qui désirent s'assurer, et à ne pas être un obstacle pour elles. Il comprend quelques auscultations par dessus les vêtements, et un questionnaire sur l'état général de la santé de la personne, ainsi que sur les causes de mort ou de maladies des ascendants.

L'examen médical a généralement lieu à la Compagnie : il est gratuit. Il n'est exigible que pour les assurances en cas de décès et les assurances individuelles contre les maladies.

Expertise. — Après un sinistre, il y a expertise. L'expertise est *amiable* si elle est faite d'accord entre les deux parties ; elle est *judiciaire* quand une des parties refuse l'expertise amiable. Les frais d'expertise sont supportés par moitié par les deux parties ; en cas d'expertise judiciaire, ils sont à la charge de la partie récalcitrante. (Voir *Code de Procéd.*, art. 302 et suiv.)

En tous cas, l'expertise est toujours consentie sous toutes réserves, et n'engage en rien l'assureur.

Explosion. — (Voir *Ass. incendie et accidents.*)

Les Compagnies incendie garantissent les dommages occasionnés par l'explosion de la foudre, des chaudières à vapeur ou du gaz, moyennant un supplément de prime.

Expropriation. — Les Compagnies d'assurance contre le chômage sont les seules qui, dans certains cas et à des conditions particulières, garantissent contre les dommages d'expropriation.

Faillite. — En cas de faillite de l'assureur, l'assuré peut résilier son contrat ou demander caution.

En cas de faillite ou de liquidation de l'assuré, l'assureur peut également résilier son contrat ou demander caution. Le failli ou ses ayants droit doivent faire leur déclaration à la Compagnie dans le délai d'un mois. Si le syndic continue l'industrie du failli, il doit conserver l'assurance.

Le bénéfice pouvant résulter d'une assurance sur la vie n'est pas compris dans la faillite de l'assuré. Ce dernier, s'il n'a commis aucune fraude, jouit toujours de ses droits à l'égard de la Compagnie.

Faillites (*Assurances contre les*). — Il existe des Compagnies qui assurent 50 0/0 contre les pertes d'argent résultant d'une faillite ou d'un mauvais crédit. Au moment d'un sinistre, la Compagnie paie à l'assuré la moitié de la dette et devient propriétaire, à ses risques et périls, de l'impayé. Le risque est limité à l'avance entre les deux parties. Les primes varient généralement entre 0.25 et 1.50 0/0; elles dépendent de la nature de l'industrie, du genre d'opérations et des délais en usage pour les paiements.

Comme on le voit, l'assuré a toujours intérêt à faire de bonnes opérations, puisqu'en cas de sinistre, il ne rentre que dans la moitié de sa perte. Cette condition était indispensable pour empêcher la fraude; autrement, ce genre d'assurance ne serait pas possible.

Faute lourde. — C'est une inexécution consciente des règlements de police, un excès d'imprudence ou de négligence commis avec la connaissance du danger qui ou résulte. C'est en somme un quasi-délit qui peut amener la déchéance et la condamnation de l'accusé.

Feu (*Assurance au premier feu.*) — Il arrive parfois que le directeur d'un établissement quelconque a un agencement ou une organisation spéciale de secours qui fait disparaître les chances d'incendie grave. Il s'assure alors au premier feu, c'est-à-dire contre les commencements d'incendie. Il fixe la somme représentant les dégâts que pourrait lui causer le premier feu. C'est cette somme que la Compagnie lui paiera à titre d'indemnité, quelle que soit l'importance du sinistre.

Il n'y a pas de tarif pour ces sortes d'assurances ; la prime est à débattre avec la Compagnie.

Force majeure. — Code civil, art. 1,148 : « Il n'y a lieu à aucuns dommages-intérêts, lorsque, par suite d'une force majeure ou d'un cas fortuit, le débiteur a été empêché de donner ou de faire ce à quoi il était obligé, ou a fait ce qui lui était interdit. »

On appelle force majeure ou cas fortuit ce qui est dû au hasard ; ce qui n'a pu être empêché d'arriver. Citons par exemple : l'explosion de la foudre, la folle, un cheval non vicieux qui s'emporte au bruit d'une explosion ou d'une détonation inattendue, etc. On n'est pas responsable des accidents causés à des tiers par force majeure ou cas fortuit.

Fusion. — Quand deux risques sont fusionnés, chaque Compagnie conserve séparément le risque qu'elle a amené.

Garantie. — Toutes les Compagnies d'assurances offrent comme garantie, en dehors de leur capital social, une réserve statutaire provenant des primes versées et destinée à couvrir les risques en cours.

Les Compagnies d'assurances sur la vie, en raison des rentes qu'elles ont à servir à différentes époques, sont soumises à l'autorisation et à la surveillance de l'État ; elles doivent employer leurs fonds en immeubles et en titres garantis par l'État.

(Pour plus de renseignements, voir aux Compagnies diverses d'assurances.)

Grêle. — Il existe pour les agriculteurs une branche d'assurances contre la grêle pour toutes les sortes de récoltes. Cette assurance ne garantit absolument que les sinistres causés par la grêle, et non ceux que pourraient occasionner une trombe, une tempête, une inondation ou tout autre accident précédant, accompagnant ou suivant la grêle.

Les risques sont classés d'après la nature des récoltes; l'assurance peut être contractée, à n'importe quelle époque de l'année, par toute personne intéressée à la conservation du risque, mais le contrat ne peut profiter qu'au propriétaire ou à ses ayants droit.

L'assurance contre la grêle est assez ancienne; elle date de plus d'un demi-siècle. Elle a rendu de grands services aux cultivateurs et s'est répandue assez promptement dans notre pays.

D'ailleurs, on comprendra son utilité, si l'on songe qu'en France la grêle cause une perte moyenne annuelle de 65 millions de francs; qu'il y a des années, comme en 1874, où ce chiffre dépasse 150 millions, et qu'enfin la matière assurable dans cette branche est estimée à environ 7 milliards.

Guerre. — Les Compagnies d'assurances contre l'incendie et le chômage ne répondent pas des dommages causés par une guerre ou une émeute. On sait d'ailleurs que c'est l'Etat qui répond de ces dommages en cas de guerre, et la commune en cas d'émeute.

Les Compagnies d'assurances sur la vie insèrent dans leurs polices les conditions suivantes :

« Si l'assuré devient marin, la police est résiliée de plein droit, à partir du jour de l'embarquement, à moins de convention contraire et spéciale. S'il a été payé moins de trois annuités, elle est de nul effet et les primes perçues sont acquises à la Compagnie. Dans le cas contraire, sa valeur est représentée par le prix du rachat.

» Si l'assuré est ou devient militaire, même par engagement volontaire, la Compagnie garantit le risque de tout service militaire en temps de paix en France et en Algérie, ainsi que le risque de mort reçue dans la répression d'un attroupement, d'une émeute, d'une sédition ou d'une insurrection.

» Les mêmes risques dans les colonies françaises ne sont pas compris dans l'assurance, à moins d'une convention expresse et spéciale.

» Si l'assuré est appelé à un service de guerre contre une puissance étrangère, l'assurance est de plein droit résiliée au jour de l'entrée en campagne, à moins d'une convention expresse et spéciale.

» Dans les cas prévus par les deux paragraphes précédents, l'assurance est de nul effet et les primes perçues sont acquises à la Compagnie s'il a été payé moins de trois annuités. Dans le cas contraire, sa valeur est représentée par le prix du rachat. » (Voir *Rachat.*)

Héritiers. — Voir *Ayants droit.*

Hypothèque. — Voir *Créances hypothécaires.*

Identité. — L'identité se constate par la production des actes de l'état civil; dans le cas où l'on ne pourrait produire ces pièces, il faudrait faire établir un acte de notoriété.

Imprudence. — Chacun est responsable des dommages causés non seulement par sa propre imprudence, mais encore par l'imprudence de ses salariés. On doit donc surveiller les personnes qu'on emploie à son service, afin que celles-ci ne commettent pas dans leur travail des fautes ou des légèretés dont on pourrait avoir à rendre compte.

Toute imprudence qui n'est pas une faute lourde, est garantie par les contrats.

Incendie. (Voir *Assurances contre l'*) — Aussitôt qu'un incendie se déclare ou qu'une explosion se produit, l'assuré doit prendre toutes les mesures possibles pour en arrêter les progrès et organiser le sauvetage des objets assurés. La Compagnie lui tient compte des frais qu'il a faits pour la conservation de ces derniers.

Au moment même du sinistre, il doit avertir le directeur de la Compagnie, si c'est à Paris, ou l'agent du chef-lieu d'arrondissement, ou du chef-lieu de canton dans lequel l'incendie a lieu.

Immédiatement après l'incendie, il doit, à ses frais, faire devant le juge de paix du canton, une déclaration indiquant l'époque précise de l'incendie, sa durée, ses causes connues ou présumées, les circonstances qui l'ont accompagné, ainsi que la valeur approximative du dommage.

Une expédition est aussitôt transmise au directeur ou à l'agent de la Compagnie.

L'assuré est tenu de fournir un état, certifié par lui, des objets incendiés et sauvés, et de mettre à la disposition de la Compagnie tous les documents qui peuvent la renseigner pour son expertise, tels que les livres, les factures, etc.

Toutes les pièces exigées ci-dessus doivent être transmises et les démarches nécessaires faites dans les huit ou quinze jours, selon les Compagnies ; passé ce délai, l'assuré n'aurait plus aucun droit à l'indemnité, à moins qu'il ne prouve qu'il y a eu impossibilité absolue de remplir toutes ces formalités.

Pour l'assurance chômage, les formalités sont les mêmes.

Indemnité. — Les dommages d'incendie sont généralement réglés de gré à gré, ou après enquête contradictoire faite par deux experts. (Voir *Expertise*.) Aucun délaissement, ni total ni partiel, des objets assurés, avariés ou non, ne peut être fait par l'assuré. La Compagnie peut, dans les délais déterminés et sous la direction d'experts nommés contradictoirement, faire réparer ou reconstruire les bâtiments endommagés ou détruits. Elle peut de même, à l'amiable, remplacer en nature ou reprendre pour le montant de leur estimation les objets détruits ou endommagés.

Toute indemnité peut être frappée d'opposition.

Individuelle (Assurance). — Voyez *Assurance individuelle*.

Indivis. Propriété possédée en commun par plusieurs personnes, qui en jouissent proportionnellement à leur part.

Tous les propriétaires de l'indivis peuvent assurer, collectivement ou séparément, leur immeuble. Si l'un d'entre eux seulement veut assurer sa quote-part, il doit indiquer à qui appartiennent les autres parts, dire si celles-ci sont assurées, et, en ce cas, à quelles Compagnies et pour quelles sommes. La valeur de l'immeuble entier doit être également mentionnée, et, en cas de sinistre, les propriétaires assurés reçoivent personnellement la part d'indemnité qui leur revient.

Interdit. — Code civil, article 502 : « Tous les actes passés postérieurement par l'interdit ou sans l'assistance du conseil seront nuls de droit ». — Article 503 : « Tous les actes antérieurs à l'interdiction pourront être annulés, si la cause de l'interdiction existait notamment à l'époque où les actes ont été faits ». — Article 509 : « L'interdit est assimilé au mineur pour sa personne et pour ses biens ; les lois sur la tutelle des mineurs s'appliqueront à la tutelle des interdits. »

Si un assuré se trouve interdit dans le courant de son contrat, c'est son tuteur qui, en cette qualité, prend sa place. Ce dernier doit faire, à la Compagnie, la déclaration de la tutelle dont il est investi.

Inventaires. — Les inventaires ou bilans des Compagnies d'assurances sont soumis au contrôle des censeurs et à l'approbation des actionnaires ; ils font loi auprès des souscripteurs et bénéficiaires. Dans l'assurance sur la vie, ils sont contrôlés par l'Etat. (Voir *Compagnies d'assurances sur la vie.*)

Après un sinistre dans une maison de commerce, fabrique, usine, etc., un inventaire est toujours nécessaire.

Légataire. — Code civil, art. 1012 : « Le légataire à titre universel sera tenu comme le légataire universel des dettes et charges de la succession du testateur, personnellement pour sa part et portion, et hypothécairement pour le tout. » (Voir *Ayants droit.*)

Législation des assurances. — Le Code n'ayant pas prévu les assurances terrestres, on doit appliquer à celles-ci la législation des assurances maritimes qui est déterminée par les articles 332 et suivants du Code de commerce.

Liquidations. — Voir *Faillites*.

Maladies. — Si un accident corporel doit causer préjudice à quelqu'un par suite des souffrances endurées, des dépenses faites et du temps perdu, il doit en être de même pour une maladie quelconque. En conséquence, on a songé à faire une branche d'assurances contre les maladies, et même à combiner entre elles l'assurance contre les accidents et l'assurance contre les maladies.

Les cas d'incapacité résultant des maladies sont classés comme dans l'assurance contre les accidents et donnent droit à des indemnités ou à des rentes, qui varient selon la nature de l'incapacité.

On peut s'assurer temporairement ou pour la vie entière; dans ce dernier cas, à partir d'un certain âge, à 65 ans généralement, la prime n'est plus exigible.

Une telle assurance nécessite naturellement une visite médicale qui peut exclure les personnes atteintes de maladies de cœur, de hernies, de folie, etc., ou ceux dont la santé paraît mauvaise.

Mandataires. — Une assurance peut être contractée au nom d'une personne absente par un mandataire qui prouve sa qualité.

Manuscrits. — On peut assurer des manuscrits, en prouvant qu'ils ont une réelle valeur pour l'assuré, et en déterminant l'indemnité à payer d'accord avec la Compagnie.

Marchandises. — Les Compagnies d'assurance contre l'incendie garantissent les dégâts causés par le feu aux marchandises, en dépôt ou même en cours de fabrication. Ces marchandises sont rangées par catégorie de risque, avec une prime spéciale pour chaque risque.

On considère les marchandises ordinaires, les marchandises hasardeuses, les marchandises doublement hasardeuses et les marchandises triplement hasardeuses ou très dangereuses, selon qu'elles sont plus ou moins susceptibles de s'altérer pendant un sinistre ou de communiquer elles-mêmes l'incendie.

L'assurance contre le chômage garantit les pertes qu'éprouverait, à la suite d'un sinistre, un industriel ou un commerçant qui serait obligé de cesser sa vente ou sa fabrication pendant la réparation ou la reconstruction de l'immeuble.

Matières premières. — Les matières premières peuvent être assurées. Les Compagnies Incendie ne les payent, en cas de sinistre, qu'au prix du jour, en y ajoutant les frais de fabrication commencés qui en augmenteraient la valeur.

Les Compagnies Chômage assurent les frais résultant du transport, magasinage, etc., des marchandises remboursées.

Militaires. — Voir *Guerre*.

Mineurs. — Les mineurs, à moins qu'ils ne soient émancipés, ne peuvent contracter sans autorisation.

Mixte (*Compagnies d'assurances*). — Voir *Assurance mixte, Compagnies d'assurances mixtes*.

Mortalité du bétail. — Il existe des Compagnies d'assurances qui garantissent la mortalité des chevaux, mulets, bœufs, moutons etc. Les risques sont classés par départements et par espèces d'animaux, les primes sont calculées à raison de tant pour cent sur la valeur attribuée au troupeau ou à chaque animal. Pour l'assurance des bestiaux contre l'incendie, voir *Bestiaux*.

Mutuelle. — Voir *Compagnie d'assurances mutuelles*.

Neuf au vieux (*Différence du*). — Certains objets perdent de leur valeur avec l'usage et les années; on doit donc dans l'assurance établir la différence du neuf au vieux.

Si l'on assure, par exemple, pour une somme de 10,000 francs, un outillage qui sert tous les jours, et que cet outillage soit incendié au bout de cinq ans, il est certain qu'à cette époque il ne vaut plus 10,000 francs. Aussi

quand il s'agit d'objets pouvant s'user par le service, tels
que le matériel des usines, les Compagnies font subir au
capital assuré une dépréciation annuelle de 2 à 5 0/0. La
prime à payer pour l'assuré diminue aussi, et celui-ci
profite comme l'assureur de l'application de la règle appelée différence du neuf au vieux et qui provient de ce
principe légal, que l'assurance ne doit jamais être une
cause de bénéfice.

Nue propriété et Usufruit. — La personne
qui cède sa propriété pour n'en garder que la jouissance
est l'usufruitier; celle qui, au contraire, conserve la propriété en faisant abandon de ce qu'elle peut rapporter est
le nu propriétaire.

Un nu-propriétaire et un usufruitier peuvent assurer
leur propriété ensemble ou séparément; mais, dans un
cas comme dans l'autre, les Compagnies ne payent l'indemnité que sur leur quittance collective. Cette mesure
a pour but d'empêcher qu'il se produise des assurances
doubles qui, faites sciemment ou par erreur, amèneraient
en cas de sinistre, les plus grosses difficultés.

La somme à assurer, pour l'usufruitier comme pour le
propriétaire, est la valeur même de l'immeuble. Il est
donc préférable qu'ils agissent d'accord, et qu'ils s'entendent sur la quote-part d'indemnité à leur revenir, en
prévision d'un incendie.

Nullité. — Le Code de commerce dit à cet égard :
« Art. 348. — Toute réticence, toute fausse déclaration de
la part de l'assuré, toute différence entre le contrat d'assurance et le connaissement, qui diminueraient l'opinion
du risque ou en changeraient le sujet, annulent l'assurance.
L'assurance est nulle, même dans le cas où la réticence,
la fausse déclaration ou la différence n'auraient pas influé
sur le dommage ou la perte de l'objet assuré.

Objets d'art. — Voir *Argenterie*.

Outils, Outillage. — Les Compagnies d'assurance
contre l'incendie assurent avec le mobilier, les outils et
autres ustensiles de métiers, mais il importe que ces
objets soient détaillés dans la police.

Participation dans les bénéfices. — Les Compagnies d'assurances contre l'incendie ne peuvent pas faire participer l'assuré dans les bénéfices; les contrats ne sont pas assez longs et le montant des sinistres est trop variable.

Dans les assurances accidents et maladies, il y a certaines combinaisons qui permettent de faire participer des catégories d'assurés aux bénéfices.

Enfin, dans l'assurance sur la vie cette participation est assez importante, elle est de 50 à 80 0/0, selon les Compagnies. Ce taux ne signifie certainement pas grand'chose tant qu'on ne connaît pas la valeur de ces bénéfices; il indique seulement la proportion réservée aux assurés.

L'assuré fait l'emploi qu'il veut de ses bénéfices; il peut les toucher en espèces, ou bien les appliquer en les laissant à la Compagnie, soit à la diminution de ses primes, soit à l'augmentation de son capital. Il y a aussi des Compagnies qui ont inauguré des systèmes de tirages.

La participation des bénéfices n'existe généralement que dans l'assurance mixte, l'assurance à terme fixe et l'assurance vie entière sur une ou deux têtes.

On fait aux assurés qui ne veulent pas participer dans les bénéfices, une réduction de 10 0/0 dans les primes annuelles et de 2 à 10 0/0 dans les primes uniques.

Perte de police. — Toute police étant transmissible par voie d'endossement, les héritiers d'un assuré défunt doivent produire cette dernière à l'échéance, sans quoi la Compagnie pourrait ne payer qu'au bout de 30 ans, époque à laquelle il y aurait prescription pour les tiers-porteurs.

Pleins. — Si les Compagnies avaient le droit d'assurer n'importe quel risque, elles pourraient se laisser aller parfois à en prendre de trop gros qui, en cas de sinistre, compromettraient leurs situations financières. Aussi les statuts leur fixent une limite, un maximum de risque qu'elles ne dépassent jamais. C'est ce maximum, proportionné au capital de la Compagnie, qu'on appelle plein.

Police d'assurance. — La police d'assurance est le contrat que les Compagnies passent avec l'assuré et qui stipule les conditions de l'assurance.

Ces conditions sont générales et particulières. Les conditions générales sont celles qui s'appliquent à tous les assurés et qui, pour cette raison, sont imprimées sur les polices ; tels sont tous les articles qui indiquent à l'assuré ce qu'il doit faire en cas de voyage, vente, décès, liquidation, sinistre, et qui lui fixent les causes de déchéance, résiliation, etc. Les conditions particulières sont celles qui sont applicables à chaque assuré séparément: le montant de l'assurance et celui de la prime, par exemple, le mode de paiement, la qualité de l'assuré, le nom du bénéficiaire, etc. Ces conditions particulières sont manuscrites.

C'est l'agent général qui rédige la police d'accord avec l'assuré ; mais celle-ci n'est valable et n'engage les parties que lorsqu'elle est ratifiée par la Compagnie, signée par son directeur et par l'assuré et qu'enfin, ce dernier a payé la première prime.

Pompiers. — On sait que les communes sont responsables des accidents arrivés à leurs pompiers pendant l'exercice des secours; on a créé des assurances individuelles et collectives pour couvrir la responsabilité des communes et indemniser les pompiers victimes d'accidents. Les incapacités sont classées comme dans l'assurance contre les accidents. Les primes sont tarifées d'après le nombre des habitants des villes ou des communes.

La prompte extension que cette branche d'assurances a prise en peu de temps prouve qu'elle est à même de rendre de grands services.

Prêts sur contrat. — Voir *Avances* et *Rachat*.

Primes. — La prime est la contribution ou redevance que l'assuré doit payer pour avoir droit en cas de sinistre à l'indemnité convenue.

Le non-paiement de la prime romprait donc le contrat avec l'assureur et entraînerait par conséquent la déchéance de l'assuré.

Les primes sont annuelles, semestrielles ou trimestrielles, selon les périodes de paiement. Elles sont uniques lorsqu'elles sont soldées d'une seule fois, pour toute la durée du contrat.

Elles sont quérables ou portables, c'est-à-dire que la Compagnie peut les envoyer chercher à domicile, ou qu'au contraire c'est vous qui devez la lui porter. Il est donc utile d'indiquer cette clause sur la police. En tous cas, une Compagnie ne déclare jamais un assuré déchu de ses droits pour non-paiement de prime, avant de l'avoir averti de son retard et mis régulièrement en demeure par lettre chargée.

La prime, devant être proportionnée au risque, peut varier avec lui, et par conséquent, être augmentée ou diminuée dans le cours de l'assurance.

Toute prime est payable d'avance; le contrat n'est d'ailleurs accepté et signé par l'assureur qu'après le paiement de la première. Toute prime payée est acquise à la Compagnie à moins que la police ne soit renouvelée.

Pour avoir de plus amples renseignements sur tout ce qui concerne les primes, voir *agglomération, amélioration, annulation, déchéance, diminution, donation, capacité, police.*

Prorogation. — Un contrat ne peut généralement pas être prorogé par un avenant; il doit être renouvelé. Cependant les Compagnies dérogent quelquefois à cette règle, quand il s'agit d'une prorogation de très courte durée ou se présentant dans certaines conditions.

Qualité des assurés. — Un assuré doit toujours, sous peine d'être déchu de ses droits en cas de sinistre, déclarer et faire mentionner sur la police en quelle qualité il agit. Il annonce donc s'il est propriétaire, locataire ou simplement détenteur des objets qu'il assure.

En ce qui concerne les industriels à façon, les rouliers, les messagers, les commissionnaires qui ont charge de matières premières ou d'objets qui ne leur appartiennent pas, ils doivent faire l'assurance *pour le compte de qui il appartiendra*; et, en cas de sinistre, c'est le pro-

priétaire des objets qu'ils détiennent, qui sera in-
demnisé.

Un fabricant qui assure dans ses magasins, en outre
des objets dont il est le propriétaire ou le locataire, des
marchandises appartenant à des tiers, doit employer dans
sa police la formule suivante : *tant pour mon compte que
pour le compte de qui il appartiendra*, autrement la
Compagnie indemnisera seulement les objets pour lesquels il aura déclaré sa qualité, et non ceux dont il sera
simplement détenteur.

Rachat, Réduction. — L'assurance reposant sur
la mutualité, voici, en principe, de quelle façon on opère
dans l'assurance sur la Vie. On classe tous les assurés
par groupes du même âge ; puis, dans chacun de ces
groupes on déduit à chaque inventaire le montant des
sinistres de la totalité des primes. La somme qui reste est
répartie entre tous les survivants, et chacun a sa part
portée à son crédit. Il en résulte donc que tous les ans
la valeur des polices augmente, et que si un assuré se
retire ou si la Compagnie l'écarte pour les raisons prévues dans le contrat, il a le droit d'emporter la part qui
lui revient. Ce n'est qu'à de très rares exceptions et
dans des cas stipulés à l'avance que les Compagnies con-
fisquent entièrement les primes, à titre d'indemnité.

Dans tous les cas, la Compagnie garde pour elle trois
années de primes, pour se couvrir des premiers frais
qu'elle a dû faire, et du dommage que lui cause l'interruption d'un contrat qui devait avoir une durée déterminée.

Il peut se faire que l'assuré, après avoir délaissé son
contrat ne retire pas la somme portée à son crédit; dans
ce cas, le contrat subsiste toujours; c'est-à-dire que l'assuré touchera son capital à la date et aux conditions
arrêtées dans la police, mais ce capital sera naturellement réduit proportionnellement au nombre de primes
versées. On dit alors qu'il y a réduction du capital assuré. (Pour la réduction dans l'assurance-Incendie, voir
Ristourne et *Différence du neuf au vieux*).

La somme portée au crédit d'un assuré, déduction

faite des frais et dommages retenus par la Compagnie, s'appelle *Valeur de rachat*.

Les Compagnies acceptent de faire des avances sur les polices, lorsque plus de trois années de primes ont été acquittées.

Réassurance. — Code de commerce, art. 342 : « L'assureur peut faire réassurer par d'autres les effets qu'il a assurés. L'assuré peut faire assurer le coût de l'assurance. La prime de réassurance peut être moindre ou plus forte que celle de l'assurance. »

Une Compagnie qui a conclu une assurance a donc le droit de faire assurer, en totalité ou en partie, par une autre Compagnie, le risque qu'elle vient de prendre, si elle trouve ce risque trop élevé pour elle. Néanmoins, c'est toujours elle qui reste en rapport direct avec l'assuré, qui touche ses primes et lui remet l'indemnité en cas de sinistre. Elle aura elle-même des primes à payer à la Compagnie réassureur, mais dans des conditions qui lui permettent de recouvrer ses frais généraux et de réaliser même une légère commission.

Cette opération, qui se fait à l'insu de l'assuré, est une garantie de plus pour le public, puisqu'elle augmente la sécurité des Compagnies.

De leur côté, les assurés peuvent, quand ils le désirent, faire réassurer leurs risques par une autre Compagnie, mais ils doivent prévenir la première de façon à ce qu'il ne se produise pas une double assurance.

Récoltes. — Les récoltes peuvent être assurées contre l'incendie, la grêle et la gelée. (Voir ces mots.)

Les récoltes tigées et renfermées dans les granges, greniers, etc., paient, pour l'incendie, d'après des tarifs basés sur la classe des bâtiments qui les contiennent. Quant aux récoltes en gerbes, les tarifs varient avec les départements. Les meules en plein air doivent être espacées de trente mètres, et l'assurance pourra les suivre dans les bâtiments dits de 1re classe. Les récoltes sur pied ou en javelle paient un supplément de 0.25 par 1,000 francs des sommes assurées sur les récoltes en meules.

Reconduction. — Renouvellement d'un bail ou d'une location. La reconduction est *expresse* si elle a été convenue à l'avance, soit par écrit, soit verbalement; elle est *tacite* lorsque le locataire, une fois le bail fini, en continue la jouissance sans opposition de la part du propriétaire. Dans ce cas, il s'opère un bail nouveau dont les conditions sont réglées d'après l'article relatif aux locations faites sans écrit. (Art. 1738, 1739 et 1759 du Code civil.)

Recours. — Action en dommages et intérêts qu'on exerce contre une personne qui vous a causé un préjudice quelconque.

L'assurance contre l'incendie donne lieu à trois sortes de recours qu'elle garantit. (Voir *Assurance contre l'incendie.*) :

1° *Le recours du propriétaire contre les locataires* pour dommages causés à son immeuble. Les articles 1733 et 1734 du Code civil déterminent ainsi la responsabilité des locataires :

Art. 1733. — Le locataire répond de l'incendie, à moins qu'il ne prouve que l'incendie est arrivé par cas fortuit ou force majeure, ou par vice de construction, ou que le feu a été communiqué par une maison voisine.

L'article 1734 qui rendait les locataires *solidairement* responsables de l'incendie a été modifié l'année dernière par le Parlement. Voici la nouvelle rédaction introduite dans le Code :

Art. 1734. — S'il y a plusieurs locataires, tous sont responsables de l'incendie, *proportionnellement à la valeur locative de la partie de l'immeuble qu'ils occupent*, à moins qu'ils ne prouvent que l'incendie a commencé dans l'habitation de l'un d'eux, auquel cas celui-là seul est tenu; ou que quelques-uns ne prouvent que l'incendie n'a pu commencer chez eux, auquel cas ceux-là n'en sont pas tenus.

Le risque que courent les locataires d'après ces articles, autrement dit le *risque locatif*, est assuré moyennant la moitié de la prime portée au tarif, si la Compagnie garantit déjà l'immeuble du propriétaire, ou moyennant les trois quarts de la prime, si ledit immeuble est assuré à une autre Compagnie, sans toutefois que cette prime puisse descendre au-dessous de 30 centimes pour 1,000 fr.

Les propriétaires peuvent exonérer tous leurs locataires du risque locatif en payant un supplément de prime de 25 0/0. La somme assurée pour le risque locatif doit atteindre au moins quinze fois la valeur du loyer.

Les héritiers directs et gendres des assurés, leurs associés, employés et ouvriers logés gratuitement sont affranchis de ce recours, si la déclaration en est faite dans la police.

2° *Recours du locataire contre le propriétaire.* — Ce recours existe en vertu des articles 1386 et 1721 du code civil. (Voir *Responsabilités.*)

Les Compagnies assurent la responsabilité des propriétaires, moyennant le quart de la prime la plus forte applicable à l'immeuble assuré, et jusqu'à concurrence de la somme portée dans la police. En outre, ceux-ci sont garantis gratuitement du recours que pourraient exercer contre eux leurs héritiers directs, leurs gendres ou leurs associés, lorsque ces derniers sont aussi assurés à la Compagnie.

3° *Recours des voisins.* — Les articles 1382 et 1383 (voir *Responsabilités*) rendent les locataires et les propriétaires responsables des dégâts qu'ils ont pu causer aux immeubles voisins par suite de l'incendie de l'immeuble qu'ils habitent.

Les Compagnies laissent l'assuré fixer lui-même la somme qu'il veut garantir contre le recours des voisins. La prime de cette assurance, sans pouvoir descendre au-dessous de 0,10 pour 1,000, est le quart de la prime la plus forte, applicable à la maison de l'assuré ou à celles des voisins, en tenant compte de l'industrie qu'elles renferment.

Règle proportionnelle. — C'est une clause en vertu de laquelle toute personne qui n'assure qu'une partie de son risque est considérée comme son propre assureur, dans la proportion de ce qu'il n'a pas assuré. Ainsi, un propriétaire possède un immeuble évalué

100,000 francs, il ne l'assure que pour 75,000, c'est-à-dire pour les trois quarts ; en conséquence, quelle que soit l'importance du dommage, en cas de sinistre, il n'en recevra toujours que les trois quarts. Dans l'exemple présent, si l'immeuble entier périt, le propriétaire ne recevra évidemment que 75,000 fr. et si cet immeuble n'est endommagé que de 10,000, l'assuré ne recevra toujours que les trois quarts du dommage, c'est-à-dire 7,500 fr.

Renouvellement. — Il est utile de ne jamais attendre la fin de son contrat pour renouveler son assurance, à moins qu'il y ait dans la police la clause de tacite reconduction. Dans le cas contraire, on fera bien de procéder au renouvellement à l'aide d'une assurance en reprise ou par anticipation.

Rentes temporaires. — Les Rentes temporaires sont celles qui ne durent qu'un certain nombre d'années ; elles sont *immédiates* si elles sont applicables tout de suite, et *différées* si elles ne prennent leur effet qu'au bout d'un certain temps.

Quoique cette assurance ait d'assez rares applications, elle a pourtant son utilité. Supposons par exemple qu'une personne doive subvenir aux frais d'éducation d'un enfant, mais que d'un autre côté, elle soit obligée de quitter la France pendant dix ans. L'enfant a sept ans ; elle le mettra dans un lycée et assurera au directeur pour des frais d'éducation une rente temporaire immédiate de 1,800 fr., par exemple, pour dix ans. Mais si l'enfant est plus jeune, si son éducation ne doit commencer que dans cinq ans, elle assurera à ce même directeur, pendant dix ans, une rente temporaire de 1,800 fr. différée de cinq ans, c'est-à-dire la même que précédemment, mais ne devant prendre effet que dans cinq ans, au moment où l'enfant devra commencer son éducation.

Rentes viagères. — Une rente viagère est une rente qui dure toute la vie. Une rente viagère est *immédiate* si elle est applicable aussitôt la signature du contrat ; elle est *différée* si elle n'est applicable qu'au bout d'un certain nombre d'années ; enfin elle est dite de survie dans l'assurance sur deux têtes, lorsqu'elle doit être servie au survivant seulement, à partir du jour du décès d'un des assurés.

Voici les différentes combinaisons des rentes viagères :

RENTE VIAGÈRE IMMÉDIATE SUR UNE TÊTE. — C'est une combinaison par laquelle la Compagnie vous fait une rente durant toute votre vie contre la remise de votre capital, et à partir du jour de la signature de votre contrat.

Cette assurance est d'une grande utilité pour les célibataires, les membres du clergé ou toute personne n'ayant ni enfant ni héritier et qui dispose d'un petit capital qu'elle peut aliéner. On arrive de cette façon à doubler et même à tripler ses revenus; car selon l'âge que l'on a, l'argent ainsi placé rapporte quelquefois jusqu'à 15 et 18 0/0.

RENTE VIAGÈRE IMMÉDIATE SUR DEUX TÊTES. — C'est un contrat par lequel la Compagnie s'engage, contre la remise d'un capital, à faire à deux personnes à la fois une rente réversible en totalité ou en partie sur la tête du survivant.

Deux époux sans enfant, deux amis sans famille, deux associés ayant des liens matériels ou moraux, ont souvent recours à cette assurance pour augmenter leurs revenus.

On peut faire reposer cette rente sur trois têtes, et même sur quatre.

RENTE VIAGÈRE DIFFÉRÉE SUR UNE TÊTE. — Dans cette assurance, la Compagnie s'engage à servir, à partir d'une époque convenue, une rente viagère déterminée, contre la remise immédiate d'un capital, ou contre des primes annuelles, à la condition que le bénéficiaire soit vivant à l'époque convenue. Il y a donc autant de primes annuelles qu'il y a d'années pour aller jusqu'à l'époque où la rente doit commencer à être servie. Si le bénéficiaire meurt dans l'intervalle, la Compagnie est naturellement dégagée de ses obligations, et les primes lui sont acquises. Dans le cas d'une suspension dans le paiement,

des primes, le contrat n'est pas annulé, la rente est simplement réduite en proportion des primes versées.

Cette assurance s'adresse surtout aux employés susceptibles d'être retraités à un moment donné, ainsi qu'aux
célibataires et aux membres du clergé qui dans leur
vieillesse n'ont pas de ressources suffisantes. Ils se pré-
parent de cette façon des revenus peu coûteux, surtout
s'ils s'y prennent de bonne heure. Enfin, certains pères
de famille l'emploient en faveur d'enfants dont la
jeunesse est dépensière et qui seront heureux, un jour
quand l'âge les aura rendus plus sérieux, de retrouver
les ressources paternelles.

Rente viagère différée sur deux têtes, avec réver-
sion totale sur le survivant. — La rente viagère différée peut reposer sur deux têtes, deux époux, deux
frères ou deux personnes ayant des intérêts communs.

Supposons que la rente soit différée de dix ans, en
1894, par exemple : si les deux bénéficiaires meurent
avant 1904, époque fixée pour l'entrée en jouissance de la
rente, le contrat est évidemment annulé ; s'ils sont vivants à cette époque, ils jouissent tous les deux de la
rente, et au décès de l'un cette rente continue à être servie au survivant ; enfin, si l'un des deux seulement
meurt avant 1903, l'autre touchera la rente totale à partir
de cette date.

Rente viagère différée sur deux têtes, payable immédiatement au décès d'un des assurés. — Dans cette combinaison, la rente ne doit commencer qu'à une époque déterminée, mais si l'un des deux assurés meurt avant
cette époque, elle sera immédiatement servie au survivant.

Cette assurance trouve son application dans le cas
suivant : un employé doit avoir sa retraite dans 15 ans ;
il veut se constituer une rente viagère à partir de cette
époque, pour lui et sa femme ; mais en même temps, il
tient, s'il meurt avant, à ce que cette dernière jouisse
immédiatement de la rente convenue.

Rente de survie. — La rente de survie ressemble
absolument à l'assurance de survie, avec cette différence

qu'au lieu de verser un capital, la Compagnie sert une rente. C'est donc un contrat par lequel la Compagnie s'engage au décès de M. B..., à quelque époque qu'il ait lieu, à faire une rente déterminée à M. A..., et non à d'autres, si M. A... est encore vivant le jour du décès de M. B... Cette combinaison a donc les mêmes applications et remplit le même but que l'assurance de survie. Elle s'adresse à tous ceux qui veulent assurer à leur mort une rente viagère à une personne et qui n'ont aucun intérêt à faire reporter cette rente sur une autre tête dans le cas où celle-ci disparaîtrait avant eux. Néanmoins il est des personnes qui préfèrent la rente au capital, parce que la rente vient régulièrement et offre plus de sécurité qu'un capital qui peut être engagé par le bénéficiaire dans une mauvaise opération financière ou disparaître subitement.

Réserve. — Les Compagnies retiennent toujours sur leurs bénéfices annuels un tant pour cent afin de constituer une réserve destinée à subvenir, dans les années mauvaises, à l'insuffisance des primes.

Dans les Compagnies d'assurances sur la vie, les primes et les fonds qui doivent servir aux différentes époques à la constitution des rentes viagères et des capitaux assurés font partie d'une réserve spéciale. Cette réserve est employée conformément à la loi en immeubles et titres garantis par l'Etat. (Voir *Compagnie d'assurance sur la vie*.)

Résiliation. — Tout manquement aux conditions du contrat peut amener la résiliation, c'est-à-dire l'annulation et parfois les primes versées restent acquises à la Compagnie. Il y a des cas particuliers, après un sinistre par exemple, où l'assureur se réserve le droit de résilier; mais dans l'assurance sur la vie, il ne peut résilier le contrat que si l'assuré est en défaut. La résiliation d'un contrat sur la vie n'en détruit pas entièrement les effets, sauf les exceptions prévues; si la police a une valeur de rachat, l'assuré peut réclamer ce qui lui revient ou attendre l'échéance pour toucher son capital réduit (Voir *rachat*).

— 68 —

Dans l'assurance incendie, la résiliation oblige quelquefois l'assuré à une année de prime, comme indemnité pour la Compagnie.

Responsabilité. — Obligation de réparer le dommage qu'on peut causer d'une manière plus ou moins directe à autrui. Voici les articles du Code civil qui établissent les responsabilités et sur lesquels repose la législation des assurances contre l'incendie et les accidents.

ART. 1382. — Tout fait quelconque de l'homme qui cause à autrui un dommage, oblige celui par la faute duquel il est arrivé à le réparer.

ART. 1383. — Chacun est responsable du dommage qu'il a causé, non seulement par son fait, mais encore par sa négligence ou son imprudence.

ART. 1384. — On est responsable non seulement du dommage que l'on cause par son propre fait, mais encore de celui qui est causé par le fait des personnes dont on doit répondre ou des choses que l'on a sous sa garde.

ART. 1386. — Le propriétaire d'un bâtiment est responsable du dommage causé par sa ruine, lorsqu'elle est arrivée par une suite du défaut d'entretien ou par le vice de sa construction.

Dans l'assurance contre les accidents, la police collective assure la responsabilité civile du signataire, gratuitement jusqu'à une somme convenue. Un propriétaire qui confie un travail à un entrepreneur qui n'est pas sous ses ordres et sous sa direction, n'est pas responsable des accidents survenus, à moins qu'on puisse reprocher à ce propriétaire d'avoir choisi un homme notoirement incapable et inexpérimenté.

Risque. — On appelle risque l'ensemble des causes éventuelles susceptibles de provoquer un événement préjudiciable quelconque; cet événement peut être une mort, un incendie, une chute, un accident de voiture, une maladie, un naufrage, une explosion, l'action dévastatrice de la foudre, de la grêle, de la gelée, des tempêtes sur les propriétés ou les récoltes; en un mot, tout ce qui peut entamer notre fortune ou porter préjudice à nos intérêts.

Dans l'assurance vie et maladies, le risque est très simple, il dépend de l'état de santé de l'assuré, et il ne peut être aggravé que par un voyage, un changement de climat ou une guerre.

Dans l'assurance accidents, collective ou individuelle, on a rangé les risques en huit ou dix classes, d'après les professions ; car ces dernières présentent pour l'individu des dangers plus ou moins grands, selon la nature du travail ou de l'occupation ; aussi, quand on change d'état il faut toujours prévenir la Compagnie qui modifie la prime s'il y a lieu.

Dans l'assurance incendie, les risques sont très nombreux ; leur importance dépend d'une foule de choses : de la nature des matériaux de la construction, et de ceux de la couverture, du voisinage du bâtiment, de son usage, de sa contiguïté, de sa situation, des moyens de sauvetage ou de secours existant dans la localité. Toutes ces conditions plus ou moins désavantageuses peuvent se combiner et donner lieu à un nombre de risques différents. Aussi les assurés doivent, chaque fois que leur risque se trouve aggravé ou amélioré, avertir la Compagnie.

Risque locatif. — Le risque locatif est, en cas d'incendie, la responsabilité du locataire à l'égard du propriétaire de l'immeuble. Cette responsabilité est établie par les articles 1733 et 1734 du Code civil. (Voir *Recours.*)

L'assurance du risque locatif ne peut être un bénéfice pour le locataire ; c'est tout simplement, pour la Compagnie, l'obligation de payer au propriétaire l'indemnité à laquelle pourrait être condamné ledit locataire, si ce dernier était rendu responsable en totalité ou en partie du sinistre, conformément aux articles 1733 et 1734. S'il n'y a qu'un locataire, c'est la valeur complète de l'immeuble qui doit faire le montant de l'assurance du risque locatif ; s'il y a plusieurs locataires, cette valeur est appliquée proportionnellement au loyer de chacun, mais jamais le montant du risque locatif ne peut être inférieur à quinze fois le loyer, autrement le locataire se trouverait son propre assureur pour la différence.

Ristourne. — Lorsqu'il y a amélioration de risque, la prime doit être réduite ; mais si cette prime a été payée à l'avance, la Compagnie doit, dans certains cas, en retourner la différence à l'assuré. Cette remise s'appelle ristourne.

Secours mutuels (*Sociétés de*). — Les Sociétés de secours mutuels se divisent en Sociétés autorisées, qui sont complétement indépendantes, et en Sociétés approuvées qui sont sous la tutelle de l'État. Ces dernières, quoique jouissant d'une foule de priviléges, ont donné constamment de moins beaux résultats financiers que les Sociétés libres. Ce fait prouve une fois de plus que le concours de l'État n'est pas favorable aux institutions de prévoyance.

D'un autre côté, les Sociétés de secours mutuels ont un grave défaut : elles ne garantissent rien, n'assurent rien. Et comment pourraient-elles assurer quoi que ce soit pour l'avenir, puisqu'elles s'appuient surtout sur la charité qui est une chose capricieuse et qui répugne à celui qui en est l'objet. Les Sociétés de secours mutuels ont si bien compris leur vice originel qu'elles dissimulent le plus qu'elles peuvent l'élément charitable qui les fait vivre pour se rapprocher chaque jour davantage du principe de l'assurance, le seul capable de résoudre le problème social, parce qu'il repose sur une formule scientifique parfaitement définie.

Sinistre. — C'est le dommage, (mort, incendie, naufrage, accident, etc.) prévu par l'assurance et se réalisant. Aussitôt qu'un sinistre a lieu, on doit en faire la déclaration immédiate à la Compagnie ou à un agent principal dans la localité. Les polices indiquent dans quels termes ces déclarations doivent être faites.

Subrogation. — Dans l'assurance il y a subrogation, en cas de sinistre, c'est-à-dire substitution de l'assureur à la place de l'assuré. L'assureur paie d'abord l'indemnité et exerce les poursuites, s'il y a lieu, à ses risques et périls contre les tiers auteurs du sinistre.

Tontines. — Les tontines sont des associations d'assurances sur la vie dans lesquelles les membres versent annuellement des cotisations fixes dont le produit, au bout d'un nombre déterminé d'années, accru de la part des morts, est partagé entre les survivants.

Dans les tontines, le capital à recevoir est inconnu, et la mort du bénéficiaire entraîne la perte des sommes versées. Au contraire, dans l'assurance sur la vie, le capital est déterminé, et à moins de conditions exceptionnelles prévues d'avance, la mort du bénéficiaire n'entraîne pas la perte du capital ; on peut reporter l'assurance sur soi-même ou sur un autre bénéficiaire. Enfin, dans les tontines, le contrôle est difficile, et on est sujet à des déceptions quelquefois très grandes, le jour où l'on arrive à toucher son capital.

Le principe des tontines est tellement défectueux en lui-même, il offre si peu de combinaisons et d'avantages, qu'il a suffi à l'assurance proprement dite de se montrer avec toutes ses applications et ses combinaisons nombreuses pour avoir vite raison d'un système qui a fait plus de victimes qu'il n'a rendu de services.

Transfert, Transmission. — Les titres des Compagnies d'assurances sont nominatifs; leur cession exige donc un transfert dont les frais, qui sont de 1/2 0/0 du montant de la négociation, sont à la charge de l'acquéreur. (Voir *Actions*.)

Les polices ayant une valeur de rachat sont transmissibles par endossement, en vertu des articles 137, 138 du code de commerce et 1690 du code civil. Quand l'assurance repose sur la tête d'un tiers, le consentement de ce dernier est nécessaire; il faut en outre la preuve que le cessionnaire a intérêt à la vie de l'assuré.

Tuteurs. — Voir *Mineurs*.

Usufruit. — (Voir code civil, art. 578.) L'usufruitier est responsable de l'incendie au même titre que le propriétaire.

Variables. — Les assurances varient nécessairement dans le cours de l'année, quand il y a aggravation du risque ou augmentation de sa valeur. La plus variable est l'assurance collective qui se modifie forcément chaque fois qu'un ouvrier arrive ou s'en va. L'assurance individuelle peut se trouver modifiée par un changement de profession.

Quand un assuré sur la vie voyage au loin, les primes varient suivant les pays qu'il habite.

Dans l'assurance contre le chômage et l'incendie, si la variation de la valeur du risque est prévue ou suit une marche régulière, on emploie les assurances variables. Un exemple en expliquera le principe. Un négociant calcule que ses magasins renferment pour 100,000 fr. de marchandises pendant trois mois de l'année, pour 40.000 fr. pendant les trois mois suivants, et pour 25,000 fr. pendant les derniers six mois. S'il prenait une assurance fractionnée pour chacune de ces sommes, durant le temps voulu, il paierait cher, car le fractionnement pour moins d'une année n'est pas proportionné exactement au nombre de mois. Mais la valeur de ses marchandises aux diverses époques de l'année, peut être décomposée de la façon suivante :

          25,000 fr. pendant toute l'année,
    plus : 15,000   —   les six premiers mois,
    plus : 60,000   —   les trois premiers mois.

Il pourra donc réaliser une notable économie en contractant, ensemble et une fois pour toutes, les trois assurances suivantes qui constitueront une assurance variable :

    Une assurance de 25,000 fr.   pour   un an.
      —   —   15,000   —   six mois,
      —   —   60,000   —   trois mois.

La prime de l'assurance variable est égale à la somme des primes des assurances qui les composent.

Vente. — Voir *Donation*.

Voyages. — Il existe des Compagnies d'assurances contre les accidents qui assurent spécialement contre les risques de voyages. (Voir *Chemins de fer*.)

Quand un assuré sur la vie ou contre les maladies entreprend un voyage hors d'Europe ou sur mer, ailleurs que sur la Méditerranée, il doit en faire la déclaration à la Compagnie, car il y a a gravation du risque.

L'ÉTERNELLE

Compagnie anonyme d'Assurances à primes fixes

CONTRE

L'INCENDIE & LA GRÊLE

Constituée conformément à la loi du 24 juillet 1867, et au décret du 22 janvier 1868

CAPITAL SOCIAL :

TROIS MILLIONS TROIS CENT MILLE FRANCS

(QUART VERSÉ)

devant être porté à CINQ MILLIONS de Fr.

CONSEIL D'ADMINISTRATION

MM. le baron E. de VIEVILLE des ESSARS ✳, ancien sous-préfet, *Président*.

le vicomte De BOISDENEMETZ ✳, Officier comptable de 1ʳᵉ classe en retraite, *Vice-Président*.

PERRIAUD (Jean), ex-inspecteur d'Assurances, publiciste à Paris.

GANSSE (Ernest), chef de contentieux, à Paris.

THOMAS (Jean-Alexandre), propriétaire, maire d'Haironville (Meuse).

NOLIN (Louis-Pierre), propriétaire, maire de Songy (Marne).

Directeur général : **M. Anquetin**

SIÈGE SOCIAL :

PARIS — 1, place Boïeldieu — PARIS